Nichts für kleine Kinder

Die Taufe, erklärt für Erwachsene

© Alexander Basnar, Wien 2010
Christliche Hausgemeinde Wien Donaustadt
http://hausgemeinde.wordpress.com
hausgemeinde@aon.at
Herstellung und Verlag:

BoD - Books on Demand, Norderstedt

ISBN 978-3-8423-2977-5

Fußnoten dienen fallweise als Vertiefung oder Beleg (Quelle) einzelner Aussagen – es soll aber nicht zu „wissenschaftlich" klingen, darum sind es nur wenige Anmerkungen.

Alle Bibelzitate folgen der Neuen Evangelistischen Übertragung von Karl-Heinz VanHeiden

www.kh-vanheiden.de

Inhaltsverzeichnis

Die Taufe – alles klar?

Irgendwie scheint jeder zu wissen, was die Taufe ist, denn schließlich wurde man entweder selbst als Kind getauft oder es kommt in regelmäßigen Abständen in der Verwandtschaft vor, dass eine Nichte oder ein Neffe getauft wird. Die Taufe ist einer der Anlässe neben Hochzeit und Beerdigung, zu denen die ganze Familie zusammenkommt. Das der Zeitpunkt, wo das Kind offiziell seinen Namen bekommt: „Ich taufe Dich auf den Namen Alexander!" – So oder so ähnlich heißt es ja. Dann gießt man einen kleinen Becher Wasser über den Kopf des Babies. Traditionell wird danach in einem Gasthaus gefeiert.

Selbst Schiffe werden getauft, bevor man sie vom Stapel lässt; allerdings mit einer Flasche Sekt. Schade drum, aber irgendwie auch sehr feierlich. Der Dompfarrer von Wien, Tony Faber, wird gelegentlich sogar zu einer Weintaufe geladen. Bezeichnenderweise erhielt ein Wein bei solchem Anlass einmal den Namen „Stephanus". Auch hier wird im Anschluss an die Taufhandlung tüchtig gefeiert.

Gleichzeitig ist uns vielleicht im Hinterkopf noch schwach bewusst, dass die Taufe eine religiöse Handlung ist, die eine tiefere Bedeutung hat als eine bloße Namensgebung mit anschließendem festlichem Ausklang.

Aber was war das doch gleich?

Gewohnheiten und Traditionen liegen oft wie ein dichter Nebelschleier über dem Sinn einer Sache. In diesem Büchlein möchte ich den Schleier lüften, der über der Taufe liegt. Dazu werden wir sehr viel in der Bibel lesen, denn dort ist ja beschrieben, wer wen warum taufen soll und was Gott sich dabei gedacht hat. Und wir werden diese Taufe mit dem vergleichen, was menschliche Gewohnheiten und Traditionen daraus gemacht haben.

Das birgt eine Menge an Überraschungen. Hättest Du etwa gewusst, dass die Taufe ursprünglich nicht mit der Namensgebung verbunden war? Oder dass man dazu ganz im Wasser untergetaucht wurde? Besonders auffällig ist, dass nirgends in der Bibel kleine Kinder oder Säuglinge getauft wurden, sondern ausschließlich gestandene Frauen und Männer, denen bewusst war, worauf sie sich da einließen.

All das gibt es heute übrigens auch noch: Weltweit gehören etwa 600 Millionen Christen Kirchen an, die keine Kinder taufen, sondern mündige Menschen, die sich selbst frei entscheiden, Christen zu werden. Vermehrt fragen sich auch Eltern in der katholischen und evangelischen Kirche, ob es wirklich richtig ist, den Kindern ohne ihre Zustimmung den Glauben „überzugießen" und verzichten auf die Kindertaufe. Auch mancher Pfarrer oder Priester gesteht privat seine Vorbehalte gegenüber der Kindertaufe ein, die er von Amts wegen dennoch praktiziert. Mein Eindruck aus vielen Gesprächen ist der, dass der Verzicht auf die Kindertaufe heute nicht mehr als Skandal angesehen wird, sondern sogar als richtig! Eine bewusste Taufe als Erwachsener wird meist als mutiger und konsequenter Schritt betrachtet, vielleicht nicht als jedermanns Sache, aber keineswegs mehr als sektiererisch.

All das lädt dazu ein, das Thema der Taufe einmal von Grund auf zu überlegen, den Schleier der Traditionen zu lüften und den Sinn dahinter zu erkennen.

Die Taufe des Johannes

Die Taufe begegnet uns zuerst einmal ganz am Anfang in den Evangelienberichten des Neuen Testaments. Dort steht eine sonderbare Gestalt am Jordan, spricht ziemlich unfreundliche und beleidigende Worte, um dann die Zuhörer im Fluss unterzutauchen. Der Mann heißt Johannes, und so wird er uns beschrieben:

(Markus-Evangelium 1,3-6) „Hört, in der Wüste ruft eine Stimme: 'Bereitet dem Herrn den Weg! Ebnet seine Pfade!'" Das erfüllte sich, als Johannes der Täufer in der Wüste auftrat. Er predigte den Menschen, sie sollten zu Gott umkehren und sich als Zeichen dafür taufen lassen, damit sie Vergebung ihrer Sünden empfingen. Aus ganz Judäa und Jerusalem kamen die Leute zu Johannes in die Wüste. Sie ließen sich im Jordan von ihm taufen und bekannten dabei ihre Sünden. Johannes trug ein Gewand aus Kamelhaar und hatte einen Ledergürtel um seine Hüfte gebunden. Seine Nahrung bestand aus Heuschrecken und Honig von wild lebenden Bienen."

Abgesehen von seiner Nahrung war Johannes auch sonst ein Mann der Extreme, gemessen an unseren Maßstäben, aber auch gemessen an den Maßstäben seiner Zeitgenossen. Er wurde von seinen Eltern bereits vor der Geburt nach einem strengen religiösen Gelübde Gott geweiht, um als Asket zu leben. Haare und Bart ließ er wachsen, er trank keinen Tropfen Alkohol und war eine auf den ersten Blick wahrscheinlich ziemlich ungepflegte Erscheinung. Er wäre kaum mitgekommen, um nach der Taufe mit dem Getauften und dessen Angehörigen noch tüchtig zu feiern. Nach Feiern war ihm nämlich nicht zumute, denn seine Botschaft war ernst. Todernst:

(Lukas-Evangelium 3,7-9) „Die Menschen kamen in Scharen zu Johannes, um sich von ihm taufen zu lassen. Doch er sagte zu ihnen: "Ihr Schlangenbrut! Wer hat euch eingeredet, dass ihr dem kommenden Zorngericht Gottes entgehen werdet? Bringt die Früchte hervor, die beweisen, dass ihr eure Einstellung geändert habt! Und fangt nicht an zu denken: 'Wir haben doch Abraham zum Vater!'

Ich sage euch: Gott kann Abraham aus diesen Steinen hier Kinder erwecken! Die Axt ist schon an die Wurzel der Bäume gelegt. Jeder Baum, der keine guten Früchte bringt, wird umgehauen und ins Feuer geworfen.""

Der Autor Peter Handke wurde dafür berühmt, dass er in einem Stück das Publikum beschimpfte. Das war ein Skandal, aber letztendlich wurde er doch als großer Künstler gefeiert. Johannes hatte keinerlei künstlerische Ambitionen. Er redete vom Zorngericht Gottes, und er redete die Leute als solche an, die dieses Zorngericht verdienten.

Er tat das, um aufzurütteln; er weckte sie aus ihrer Selbstsicherheit auf, in der sie sich als Mitglieder des von Gott auserwählten Volkes, als Nachkommen Abrahams, einredeten, dass Gott zu 100% immer auf ihrer Seite stehen würde. Nein, Gott ist absolut unparteiisch und schaut auf das Leben jedes einzelnen, nicht aber auf seine Herkunft oder Stellung in der Gesellschaft. Und auch Johannes machte keine Unterschiede. Als er den König Herodes öffentlich des Ehebruchs bezichtigte, ließ dieser ihn gefangen nehmen und er wurde geköpft. Das muss man Johannes lassen: Er hatte vor niemandem Angst, wenn es darum ging, Gottes Gericht anzukündigen.

Einer Taufe geht heute eher kein Donnergrollen von der Kanzel voraus; stattdessen soll alles so einladend und liebvoll gestaltet werden, dass alle sich wohlfühlen und niemandem der Appetit für nachher verdorben wird. Wie reagierten die Menschen nun auf die Beleidigungen? Einige haben sich sicher verärgert auf den Heimweg gemacht, doch andere stellten eine Frage; eine ganz entscheidende:

(Lukas-Evangelium 3,10) „Was sollen wir denn tun?"

Wenn das Strafgericht Gottes angekündigt wird, dann hat das den Grund, dass die Menschen davon nicht überrascht werden und sich entsprechend darauf vorbereiten können. Gott hat also kein wirkliches Interesse daran, den Baum auch tatsächlich umzuhauen, an dessen Wurzel Er die Axt gelegt hat. Er tut es, wenn dieser Baum nutzlos ist und keine Früchte trägt; aber wenn der Baum sich nun doch eines besseren besinnt und ein paar Kilo Äpfel oder Feigen hervorbringt, dann freut sich Gott über diesen Baum. Darum sagte Johannes auch: „Bringt die Früchte hervor, die beweisen, dass ihr eure Einstellung geändert habt!" Was das konkret bedeutet, antwortet er denen, die danach fragen:

(Lukas-Evangelium 3,11-14) „"Wer zwei Untergewänder hat", gab er zur Antwort, "soll dem eins geben, der keins hat! Wer zu essen hat, soll es mit dem teilen, der nichts hat!" Auch Zolleinnehmer wollten sich taufen lassen. "Rabbi", fragten sie, "und was sollen wir tun?" "Fordert nicht mehr, als euch zusteht!", erwiderte Johannes. "Und wir", fragten einige Soldaten, "was sollen wir tun?" "Beraubt und erpresst niemand", war seine Antwort. "Gebt euch mit eurem Sold zufrieden!""

Die Antworten haben alle mit Geld und Besitz zu tun. Die Gesinnung, die gefordert wird, ist eine freigiebige Haltung den Armen gegenüber und eine bescheidene Haltung sich selbst gegenüber. Damit wird eine Wurzel vieler Übel genannt: Geldliebe. Man sagt auch, Geld regiere die Welt. Geldliebe und Nächstenliebe schließen einander aus; Geldliebe und Gottesliebe übrigens auch. Er legt also tatsächlich die Axt an die Wurzel, an die Wurzel aller Übel.

Was ist nun mit jenen, die diese Frage gestellt haben und die Antwort darauf gehört haben?

(Markus-Evangelium 1,5) „Aus ganz Judäa und Jerusalem kamen die Leute zu Johannes in die Wüste. Sie ließen sich im Jordan von ihm taufen und bekannten dabei ihre Sünden."

Wer die Botschaft (inklusive der beleidigenden Worte) annehmen wollte und bereit war, sein Leben zu ändern, ging zu Johannes ins Wasser. Er bekannte öffentlich, dass Er ein anderes Leben führen wollte als bisher und ließ sich vom Prediger im Kamelhaar im Jordan untertauchen. Mit dieser Handlung, heißt es, wurden die vorangegangenen Sünden, also die aus einer falschen Lebenseinstellung erwachsenen Taten, vergeben.

Was hat diese Taufe mit unserer Kindertaufe, die wir allgemein kennen, gemeinsam? Nicht besonders viel:

	Kindertaufe	**Taufe des Johannes**
Ort	Kirche	Fluss
Personen	Säuglinge, die noch nichts Böses getan haben	Erwachsene, die ihr Leben ändern wollen
Atmosphäre	Familiär, liebevoll, festlich	Angespannt, erschütternd, bedrohlich
Modus	Übergießen	Untertauchen

Es hat auch keiner derer, die von Johannes getauft wurden, bei dieser Gelegenheit einen neuen Namen erhalten. Mit Weintaufen oder Schiffstaufen brauchen wir gar nicht anfangen, Vergleiche anzustellen. Bestenfalls als Randnotiz: Das Wort „taufen" bedeutet ursprünglich „untertauchen". Es wurde in der griechischen Sprache auch verwendet, wenn ein Schiff versenkt wurde – wie unpassend ist es, wenn man vor diesem Hintergrund von einer „Schiffstaufe" spricht. Eine Weintaufe im ursprünglichen Wortsinn hieße, den Wein in der Donau zu versenken, bzw. in den Fluss zu schütten. Dass man dennoch von Schiffs- und Weintaufen spricht, hat mit dem Bedeutungswandel des Wortes Taufe zu tun. Und dieser Bedeutungswandel hat auch zur Folge, dass die biblische Taufe von Menschen nicht mehr richtig verstanden wird.

Natürlich war die Taufe des Johannes etwas anders als die christliche Taufe; er selbst wies auch darauf hin, dass es eine andere Taufe geben werde, wenn der gekommen ist, dessen Weg zu bereiten er gesandt wurde:

(Markus-Evangelium 1,7-8) „Er kündigte an: "Nach mir kommt einer, der ist mächtiger als ich. Ich bin nicht einmal gut genug, mich zu bücken und ihm die Riemen seiner Sandalen zu lösen. Ich habe euch mit Wasser getauft, er wird euch mit dem Heiligen Geist taufen.""

Die Rede ist hier von Jesus, der selbst zum Jordan kam, um von Johannes getauft zu werden. Wenn wir von der Taufe reden, dann geht es uns natürlich um die christliche Taufe, für die die Taufe des Johannes nur ein Vorläufer war. Was diese christliche Taufe ist, werden wir uns jetzt ansehen, indem wir zuerst einmal die Taufe von Jesus selbst betrachten.

Die Taufe von Jesus

Als Jesus zu Johannes kam, war dieser sehr erstaunt:

> *(Matthäus-Evangelium 3,13-15) Auch Jesus kam aus Galiläa an den Jordan zu Johannes, um sich von ihm taufen zu lassen. Aber Johannes versuchte ihn davon abzubringen und sagte: "Ich hätte es nötig, von dir getauft zu werden, und du kommst zu mir?" Doch Jesus antwortete: "Lass es für diesmal geschehen. Denn nur so können wir alles erfüllen, was Gottes Gerechtigkeit fordert." Da fügte sich Johannes.*

Etwas war anders bei Jesus, und das wusste Johannes. Jesus war nämlich der, der kommen sollte, um die Sünden der Welt wegzunehmen. Als Er ihn sah, sagte Johannes zu seinen Schülern, die ihn bei seiner Mission begleiteten:

> *(Johannes-Evangelium 1,29-30) „Am nächsten Tag sah Johannes Jesus auf sich zukommen und sagte: "Seht, das ist das Opferlamm Gottes, das die Sünde der ganzen Welt wegnimmt. Ihn meinte ich, als ich sagte: 'Nach mir kommt einer, der weit über mir steht, denn er war schon vor mir da.'"*

Johannes taufte zwar zur Vergebung der Sünden, aber kann Wasser tatsächlich Sünden „abwaschen"? Es gab im jüdischen Gottesdienst einen Tempel, und in diesem Tempel stand ein Opferaltar, auf dem unter anderem Lämmer geopfert wurden. Die Vorschriften dafür sind in den fünf Büchern Mose minutiös aufgelistet; das gesamte jüdische Priestertum hatte hauptsächlich mit dem Opferdienst zu tun.

Das Blut der geopferten Tiere sollte zur Vergebung[1] der Sünden vergossen werden. Aus unserer Perspektive ein grausamer, archaischer Brauch. Doch auch Gott sagte bereits in der Heiligen Schrift der Juden, dass Er diese Opfer eigentlich gar nicht will.[2] Doch sie seien notwendig, um bis zum Kommen eines endgültigen und einmaligen Sündopfers ein Bewusstsein unter den Menschen zu schaffen, wie schwerwiegend Sünde ist.

Sünde – und Geldliebe ist nur eine Form der Sünde – entfremdet uns Gott. In Seinem Königreich, unter Seiner Herrschaft kann Sünde nicht geduldet werden. Der Himmel wäre nicht mehr der Himmel, wenn es dort so zuginge wie auf der Erde. Wenn Johannes von dem Strafgericht Gottes spricht, dann spricht er zugleich von dieser Königsherrschaft Gottes, von Seinem Reich der Gerechtigkeit und des Friedens. Alle Juden wussten damals, was das bedeutet (oder meinten, es zu wissen), denn ihre Heiligen Schriften sind voll von Prophezeiungen darüber, wie herrlich dieses Königreich sein würde.

Das Problem aber ist die Sünde. Wenn wir die Einstellungen und Gewohnheiten dieser Welt in den Himmel mitbringen, dann herrscht dort wie hier Geldliebe, Gewalt und Lüge. Gott würde im Himmel zu einer Randfigur verkümmern, wie Er es auf der Erde bereits ist. Wenn Gott also, quasi als Ziel und Vollendung Seiner Schöp-

---

[1]   Das Blut unschuldiger Tiere sollte zur Versöhnung mit Gott vergossen werden, d.h. die Sünde bedecken, zudecken; sie war noch da, trennte aber nicht mehr von Gott. Das Blut von Tieren konnte jedoch keine Sünden vergeben (vgl. Hebr. 10, 4). Die tatsächliche Vergebung (d.h. Tilgung) der Sünden war einer späteren, der messianischen Zeit vorbehalten. Das Wirken Johannes des Täufers war ein Vorgeschmack dessen.

[2]   Das steht im Psalm 40,7-8 und im Hebräerbrief 9 und 10 wird das ganz ausführlich beschrieben.

fung, dieses himmlische Reich aufrichten will, dann können dort nur Menschen leben, die in dieses Reich passen; die die richtige Gesinnung haben. Darum muss man sich lossagen von der „weltlichen" Lebenseinstellung, um eine „himmlische" zu erlernen.

Die bisher begangenen Sünden müssen allerdings auch vergeben und bereinigt werden. Dazu ist ein Opfer notwendig, aber kein Opfer von Tieren, sondern ein Mensch muss für Menschen einstehen. Ein Mensch, der freiwillig dazu bereit ist und der selbst sündlos ist. Genau dafür ist Jesus in die Welt gekommen, als dieses sündlose Opferlamm, das die Sünden der Welt wegnimmt.

Darum war Johannes mehr als erstaunt, als Jesus sich von ihm taufen lassen wollte: "Ich hätte es nötig, von dir getauft zu werden, und du kommst zu mir?" Doch Jesus antwortete: "Lass es für diesmal geschehen. Denn nur so können wir alles erfüllen, was Gottes Gerechtigkeit fordert." Die Taufe ist zur Vergebung der Sünden, doch Jesus hatte keine. Die Taufe ist aber auch von Gott geboten als diese sichtbare Hinwendung zu Gott und Seinem Königreich. So wie für jeden Christen der Weg des Glaubens in der Taufe beginnen soll, so beginnt auch für Jesus selbst die Zeit Seines öffentlichen Wirkens mit der Taufe. Davor war er nur ein unscheinbarer Zimmermann in einer Provinzstadt. Nun aber trat Er ans Licht der Öffentlichkeit, um Seinen Auftrag von Gott zu erfüllen.

Also stieg Er zu Johannes in das Wasser, und es geschah etwas, das Seine Taufe von den übrigen Taufen deutlich unterschied:

(Matthäus-Evangelium 3,16-17) „Als Jesus nach seiner Taufe aus dem Wasser stieg, öffnete sich der Himmel über ihm und er sah den Geist Gottes wie eine Taube auf

sich herabkommen. Und aus dem Himmel sprach eine Stimme: "Das ist mein lieber Sohn. An ihm habe ich meine Freude!""

Johannes sagte von Jesus, Er werde mit Heiligem Geist taufen. Die Taufe Jesu selbst war nun die erste Taufe, in der der Heilige Geist auf einen Menschen kam. Mit dem Heiligen Geist kam sogleich eine himmlische Zusage: "Das ist mein lieber Sohn. An ihm habe ich meine Freude!" Jesus ist der Sohn Gottes.

Die Kindertaufe, wie wir sie feiern, hat normalerweise innerfamiliären Charakter. Jemand hat einen Sohn oder eine Tochter und lässt sie taufen; gewöhnlich sagt dort niemand, außer vielleicht der Pfarrer in der Liturgie, dass das Kind nun ein Sohn oder eine Tochter Gottes sei. Doch auch darum geht es in der christlichen Taufe. Übrigens wurde auch Jesus nicht in einer Kirche getauft, indem ihm etwas Wasser über den Kopf gegossen wurde, sondern im Fluss durch Untertauchen. Und Er war, so lesen wir im Lukas-Evangelium, etwa 30 Jahre alt.

Jesus, der Sohn Gottes

Gott nannte Jesus bei der Taufe Seinen „lieben Sohn". Hier sollten wir kurz stehen bleiben, denn das ist etwas sehr Wesentliches. Gott hat einen Sohn, und dieser Sohn spielt bei der Vision vom Königreich Gottes eine ganz wesentliche Rolle. Wir haben vorher kurz erwähnt, dass Jesus als das Opferlamm gekommen ist, aber Er ist auch der Sohn Gottes. Beides müssen wir gut verstehen, ehe wir mit der Taufe weitermachen können. Schließlich hat die christliche Taufe ursächlich damit zu tun, wer Christus ist und was Er wollte.

Der Begriff „Sohn Gottes" hat mit der Königsherrschaft zu tun. Als Israel aus Ägypten in das Land Kanaan kam, hatte es keinen König. Josua war der Nachfolger Mose als Anführer der 12 Stämme, aber er war mehr Heerführer als Regent. Regiert wurde das Volk jedoch von Richtern, von Menschen, die das Gesetz Gottes, das sie durch Mose erhielten, studierten und darauf achteten, dass es befolgt würde.

Indem Gott selbst die Gesetze für sein Volk gab, drückte Er aus, dass Er selbst der König Israels sei. Darum reagierte Er ziemlich verstimmt, als Israel einen König haben wollte wie alle anderen Völker auch:

(1. Samuel 8,1-9) „Als Samuel (der letzte Richter Israels) alt wurde, setzte er seine Söhne als Richter über Israel ein. Sein Erstgeborener hieß Joël, der zweite Abija. Sie übten ihr Amt in Beerscheba aus. Seine Söhne folgten aber nicht seinem Vorbild. Sie waren auf Gewinn aus, nahmen Bestechung an und beugten das Recht. Da kamen alle Ältesten Israels bei Samuel in Rama zusammen. Sie sagten zu ihm: "Du bist alt geworden, und deine Söhne folgen nicht deinem Beispiel. Setz deshalb einen König über uns ein, damit er für Recht bei uns sorgt, wie es bei allen Völkern üblich ist." Aber Samuel missfiel sehr, was sie forderten, und er betete zu Jahwe. Jahwe antwortete ihm: "Hör auf alles, was sie dir sagen. Denn dieses Volk lehnt nicht dich ab, sondern mich. Ich soll nicht länger ihr König sein. So haben sie es immer wieder gemacht, seit ich sie aus Ägypten geführt habe. Immer wieder sind sie mir untreu geworden und haben anderen Göttern gedient. Das ist bis heute so geblieben. Und mit dir machen sie es jetzt genauso. Hör ruhig auf sie, aber warne sie auch mit aller Deutlichkeit und mach sie mit den Rechten des Königs vertraut, der dann über sie herrschen wird.""

Gott hatte in Seinem Gesetz solch eine Entwicklung vorgesehen, aber Er wollte eines immer sichergestellt wissen: Dass jeder König in Israel dieselben Gesetze achten würde, die Er dem Mose gegeben hatte. Er sah Sich als König Israels und Israel sollte das zuerst begreifen, ehe es einen menschlichen König erhielt. So aber wies der Wunsch des Volkes auf das, was die anderen Völker haben: Einen König, wie es überall normal ist!

Man könnte ergänzen: Einen König, der durch Intrigen an die Macht gekommen ist, einen König, der Seine Günstlinge an die Schaltstellen der Macht setzt, einen König, der in Saus und Braus lebt während seine Untertanen hungern und einen König, der sinnlose Kriege führt, um seine Macht auszuweiten und als „der Große" in die Geschichte einzugehen.

Der erste König war Saul und erwies sich als launisch und Gott gegenüber ungehorsam. Der nächste König, David, war mehr nach Gottes Herzen; doch auch er entsprach nicht in allem Gottes Vorstellungen von einem guten König. Gott verwehrte ihm etwa, den Tempel zu bauen, weil er ein kriegerischer Mensch war, der viel Blut vergossen hatte.

David sollte einen Sohn bekommen, der nach ihm König würde. Über diesen Sohn sagte Gott etwas, das weit über den leiblichen und direkten Sohn Davids hinausweisen sollte:

(2. Samuel 7,12-16) „Wenn deine Zeit abgelaufen ist und du gestorben bist, werde ich dir einen deiner eigenen Nachkommen auf dem Thron folgen lassen und seine Herrschaft festigen. Der wird dann ein Haus für meinen Namen bauen. Und seinem Königtum werde ich ewigen Bestand geben. Ich werde sein Vater sein, und er

soll mir Sohn sein. Wenn er Unrecht begeht, werde ich ihn mit menschlicher Rute und auf menschliche Weise züchtigen. Aber meine Gnade entziehe ich ihm nicht, wie ich sie Saul entzog, den ich vor dir beseitigt habe. Dein Königshaus und deine Königsherrschaft sollen für immer vor mir Bestand haben. Dein Thron steht fest auf ewig."

Hier ist das erste Mal direkt vom Sohn Gottes die Rede. Der angekündigte Nachkomme Davids würde zugleich der Sohn Gottes sein, und Er würde ein König sein, dessen Reich ewig besteht.

Fortan begegnen wir diesem Motiv in der ganzen heiligen Schrift: Die Erwartung des Volkes Gottes konzentriert sich auf diesen kommenden König, den sie den Messias nannten. Das bedeutet „der Gesalbte", weil ein König dadurch eingesetzt wurde, dass ihm ein Becher Olivenöl über das Haupt gegossen wurde. Diese „Salbung mit Öl" soll den Heiligen Geist symbolisieren, also Gottes Weisheit, Kraft und Gegenwart im König, damit dieser im Sinne Gottes und als wahrer Repräsentant Gottes regieren könne. Die griechische Übersetzung von Messias lautet Christos, wovon sich Christus ableitet.

Wenn wir also von Jesus Christus sprechen, dann ist es nicht so, dass Christus der Nachname Jesu war, sondern damit wird darauf hingewiesen, dass Er der Sohn Davids ist, dem diese Königsherrschaft zugesagt ist.

Kurz vor der Geburt Jesu kam ein Engel zu Maria in Nazareth. Dieser sagte ihr folgendes über den Sohn, den sie zur Welt bringen sollte:

(Lukas-Evangelium 1,31-33) „Du wirst schwanger werden und einen Sohn zur Welt bringen, den du Jesus nennen sollst. Er wird große Autorität haben und Sohn des Höchsten genannt werden. Gott wird ihn die

Königsherrschaft seines Stammvaters David weiterführen lassen. Für immer wird er die Nachkommenschaft Jakobs regieren und seine Herrschaft wird nie mehr zu Ende gehen."

Jesus sollte also der König sein. Wenn nun Johannes der Täufer am Jordan stand und predigte, so sagte er:

(Matthäus-Evangelium 3,2) „Ändert eure Einstellung, denn die Herrschaft des Himmels ist nahe!"

Die Herrschaft des Himmels, das Königreich Gottes wie es in den anderen Evangelien genannt wird, ist genau das: Der versprochene Nachkomme Davids kommt, um Seine Herrschaft anzutreten. Gottes Königreich soll Wirklichkeit werden. Deshalb müssen die Menschen ihre Einstellung zu Gott und der Welt ändern. Darum spricht Johannes sehr konkret über unser Fehlverhalten und über das kommende Gericht; denn nur jene, die sich tatsächlich der Herrschaft Gottes unterordnen wollen, können in dieses Reich gelangen.

Man könnte das so vergleichen: Angenommen wir würden in einer schlimmen Diktatur leben. Es gäbe Bespitzelung, keine freie Meinungsäußerung, Mangel in allen Dingen und jeder wäre gezwungen, einem Menschen Huldigungen zu erweisen, dessen Charakter mehr als fragwürdig ist. Unser aller Gewissen wäre geknechtet, wir wären penetranter Propaganda ausgesetzt und könnten kaum mehr klar zwischen der Wirklichkeit und dem, was wir von Staats wegen als Wirklichkeit präsentiert bekommen, unterscheiden.

Stellen wir uns vor, es kämen Agenten eines freien Staates an unsere Tür. Sie kamen verdeckt über die Grenze, um Menschen zu suchen, die bereit wären für einen radikalen Wechsel: „Hört zu", sagen sie uns, „die freie Welt hat genug vom Treiben eures Diktators. Er gefährdet den Weltfrieden und behandelt die Menschen ungerecht. Wir werden bald kommen und Krieg mit ihm führen und seine Schreckensherrschaft beenden. Davor aber suchen wir Menschen, die bereit sind, nach dem Wechsel für eine neue Politik zur Verfügung zu stehen und heute im Untergrund die Bürger auf die kommenden Veränderungen vorzubereiten und einzustimmen. Wir sind mitten in den Vorbereitungen für die Befreiung; wir kommen bald. Und jeder, der dann auf der Seite des Diktators steht, stellt sich gegen die Befreiungsarmee."

Was würde solch ein Angebot für uns bedeuten? Es ist sicher keine leichte Entscheidung, die einem hier abverlangt wird: Einerseits geht es um die Sehnsucht nach Frieden, Gerechtigkeit und Freiheit; andererseits geht es auf Kosten eines Lebens, das vordergründig gesichert scheint, solange man sich mit einem ungerechten System arrangiert. Die Erinnerung an den Nationalsozialismus und die wenigen, die tatsächlich bereit waren, Widerstand zu leisten und mit den Alliierten zu kooperieren, hilft uns, etwas von der Tragweite dieses Angebots zu verstehen. Die wichtigste Bedingung dabei ist die Bereitschaft, bereits jetzt unter neuen Gesetzen leben zu wollen, und die Verbrechen des Diktators nicht länger zu unterstützen. Das ist damit gemeint, wenn von der Änderung unserer Gesinnung die Rede ist. Es geht um die Königsherrschaft Gottes.

Die christliche Taufe ist, um in diesem Vergleich zu bleiben, das sichtbare Zeichen dieses Herrschaftswechsels; bzw. die verbindliche Einwilligung als Bürger des Reiches Gottes leben zu wollen. Im Gegensatz dazu ist die Kindertaufe, wie sie traditionell praktiziert wird, die Einbürgerung in die Gesellschaft, in der wir leben. Es geht nicht um das Königreich Gottes, sondern um Kultur, Folklore und Gesellschaft einer christlich gefärbten Welt, die aber doch deutlich anderen Gesetzen folgt als den Gesetzen des Königs Jesus Christus. Und nicht selten wird man gerade aufgrund dieser Verbindungen auch zur unbedingten Loyalität gegenüber zweifelhaften Regierungen aufgefordert (so auch im Dritten Reich).

Es geht also um die Spannung zwischen Anpassung an Welt, Gesellschaft und Kultur oder kritische Distanz zu unserer Umwelt und ihrem Lebensstil aufgrund des Herrschaftsanspruchs von Jesus Christus. Je besser wir erkennen, wie ungerecht und lieblos es in der Welt zugeht, und wie sehr dies auch uns geprägt hat, und je besser wir das Wesen und den Charakter des Reiches Gottes verstanden haben, desto klarer wird für uns diese Entscheidung sein.

Stellen wir wieder gegenüber, worin sich unser traditionelles Taufverständnis von dem unterscheidet, was in den Evangelien über die Taufe gesagt wird:

	Kindertaufe	Taufe des Johannes
Ort	Kirche	Fluss
Personen	Säuglinge, die noch nichts Böses getan haben	Erwachsene, die ihr Leben ändern wollen
Atmosphäre	Familiär, liebevoll, festlich	Angespannt, erschütternd, bedrohlich
Modus	Übergießen	Untertauchen
Bezug	Gesellschaft und Kultur, in der wir leben	Das Reich Gottes, das kommen wird
Voraussetzung	Geboren zu sein	Bereitschaft, unter der himmlischen Gesetzgebung zu leben
Bedeutung	Schöne Familienfeier	Vergebung der Sünden

Jesus, hingerichtet am Kreuz und auferstanden

Wenn Gott Sein Reich verwirklichen will, bringt das Konflikte mit sich. In den Psalmen, den Liedern der Bibel, heißt es dazu:

(Psalm 2) Was soll das Toben der Völker? / Was soll ihr sinnloser Plan? Die Großen der Welt lehnen sich auf. / Sie tun sich zusammen gegen Jahwe. / Gegen seinen Messias

gehen sie an: "Los, wir zerbrechen ihr Joch, / befreien uns von ihrem Strick." Doch der im Himmel thront, lacht, / der Herr lacht sie nur spöttisch aus. Dann fährt er sie an in glühendem Zorn / und erschreckt sie durch seinen Grimm: "Ich habe den König gesalbt und geweiht", sagt er, / "auf dem Zion, meinem heiligen Berg!" Nun will ich verkünden Jahwes Beschluss! / Er sagte zu mir: "Du bist mein Sohn! / Ich habe dich heute gezeugt. Sprich mich nur an, und ich gebe dir Völker, / ja, die ganze Erde zu deinem Besitz! Du wirst sie regieren mit eiserner Faust / und zerschmettern wie Töpfergeschirr." Und nun, ihr Könige, kommt zur Vernunft! / Lasst euch warnen, Richter der Welt! Unterwerft euch Jahwe und zittert vor ihm – und jubelt ihm zu! Verehrt den Sohn, damit er nicht zürnt / und euch umbringt auf eurem Weg, / denn leicht erregt sich sein Zorn! / Doch in seinem Schutz haben alle es gut!

Gott hat Seinen Sohn als König eingesetzt, und die Großen der Welt lehnen sich auf. Das ist verständlich, doch Gott weiß nicht so recht, ob er sie auslachen oder ihnen zürnen soll. Es ist doch einerseits ein hoffnungsloses Unterfangen, sich gegen Gott aufzulehnen; andererseits kann uns ja gar keine bessere Regierung geschenkt werden als eine göttliche. Oder stehen die Mächtigen dieser Welt so souverän über allen Problemen? Können sie tatsächlich Gerechtigkeit bewirken? Scheitern sie nicht laufend, werden sie nicht abgewählt und durch andere ersetzt? Sind die Menschen zufrieden? Geht immer alles mit rechten Dingen zu? Herrscht Frieden in dieser Welt?

Wir haben uns so an das Mangelhafte unserer Bemühungen gewöhnt, dass wir uns Vollkommenes vielleicht gar nicht so recht vorstellen können. Aber Beispiele dafür, was Gott unter Seiner Herrschaft bewirken will, finden wir schon in den Schriften der Propheten:

(Prophet Jesaja 2,2-5) „Am Ende der von Gott bestimmten Zeit wird folgendes geschehen: Festgegründet an der Spitze der Berge / steht der Berg mit dem Haus Jahwes, / erhaben über alle Hügel, / und alle Völker strömen ihm zu. Die Menschen sagen überall: / "Kommt, wir ziehen zum Berg Jahwes, / zum Haus, das dem Gott Jakobs gehört. / Er soll uns lehren, was recht ist; / was er sagt, wollen wir tun. / Denn von Zion geht die Weisung aus, / von Jerusalem das Wort Jahwes." Er spricht Recht im Streit der Völker; / er weist viele Nationen zurecht. / Dann schmieden sie die Schwerter zu Pflugscharen um, / die Speere zu Messern für Winzer. / Kein Volk greift mehr das andere an, / und niemand lernt mehr für den Krieg. Auf, ihr Nachkommen Jakobs, / lasst uns leben im Licht von Jahwe."

Alleine die Aussicht auf wahren und dauerhaften Frieden sollte uns genügen, diesem König Vertrauen zu schenken, denn das haben die Menschen bis heute nicht zusammengebracht. Doch damit ist klar, dass die Zeit für die Mächtigen dieser Welt, die mit Gewalt regieren, abläuft. Und genau das gefällt ihnen nicht.

Darum wurde Jesus auch hingerichtet: Als jemand, der den Königstitel beansprucht, wurde Er von jenen verurteilt, die keine politische Änderung wollten. Pilatus, der „Freund des Kaisers" (ein Ehrentitel, auf den er großen Wert legte), sprach auf Wunsch und Druck des jüdischen Gerichtshofes das Todesurteil aus: Kreuzigung.

In den Tagen vor Seiner Festnahme sprach Jesus mit Seinen Jüngern über eine weitere Taufe, die ihm bevorstünde:

(Markus-Evangelium 10,35-40) „Da traten Jakobus und Johannes, die Söhne von Zebedäus, an Jesus heran und sagten: "Rabbi, wir wollen, dass du uns eine Bitte erfüllst." "Was wollt ihr?", fragte er. "Was soll ich für euch tun?" Sie sagten: "Wir möchten, dass du uns in deiner Herrlichkeit links und rechts neben dir sitzen lässt!" Doch Jesus erwiderte: "Ihr wisst nicht, was ihr da verlangt! Könnt ihr den bitteren Becher austrinken, den ich trinken werde, und die Taufe auf euch nehmen, mit der ich getauft werde?" "Ja, das können wir", erklärten sie. Jesus erwiderte: "Den Becher, den ich trinken muss, werdet ihr zwar auch trinken und die Taufe, die mir bevorsteht, werdet ihr auch empfangen, doch ich kann nicht bestimmen, wer auf den Plätzen links und rechts von mir sitzen wird. Dort werden die sitzen, die Gott dafür vorgesehen hat.""*

Jesus nannte Seine bevorstehende Kreuzigung eine weitere Taufe, und Er sagte, dass Seine Jünger in ähnlicher Weise getauft würden. Zu den schwerwiegendsten Worten Jesu gehört seine Aufforderung an uns, unser eigenes Kreuz aufzunehmen.

(Matthäus-Evangelium 10,38-39) „Und wer nicht sein Kreuz aufnimmt und mir nachfolgt, ist es nicht wert, mein Jünger zu sein. Wer sein Leben festhalten will, wird es verlieren. Wer sein Leben aber wegen mir verliert, der wird es finden."*

Der Hass, der Jesus getroffen hat, wird auch all jene treffen, die sich in dieser Welt zum Königreich Gottes bekennen. Dieses Bekenntnis bedeutet die Relativierung aller menschlichen Machtansprüche, beinhaltet ein kritisches Prüfen irdischer Gesetze, denn wer immer sich zum König Jesus Christus bekennt, wird Gott mehr gehorchen als den

Menschen.[3] Die Botschaft wird verstanden werden und Irritationen hervorrufen, wie das folgende Beispiel aus der Apostelgeschichte zeigt:

> *(Apostelgeschichte 17,6-7) „Als sie die beiden aber nicht fanden, schleppten sie Jason und einige andere Brüder vor die Politarchen, die Stadtobersten, und schrien: "Die Leute, die die ganze Welt in Aufruhr bringen, sind auch hierher gekommen. Jason hat sie bei sich aufgenommen! Sie alle verstoßen gegen die Verordnungen des Kaisers, denn sie behaupten, ein anderer sei der wahre König, nämlich Jesus!"“*

Genau das stand auch auf dem Todesurteil Christi: „Jesus aus Nazareth, der König der Juden", geschrieben in allen Sprachen, die in Jerusalem von Bedeutung waren, nämlich Hebräisch, Griechisch und Latein. Der brutalen Geißelung, die ihm den Körper zerfleischte, folgte der beschwerliche Weg zur Hinrichtungsstätte vor den Toren der Stadt mit dem schweren Querbalken des Kreuzes auf den Schultern. Weil Er auf dem Weg zusammenbrach, musste ein Passant aus Cyrene den Balken für Ihn tragen. Er wurde an das Holz genagelt und den senkrechten Balken hochgezogen, sodass sich aus dem Querbalken und dem vertikalen Balken das uns so vertraute Kreuz ergab. Wer den Film „Die Passion Christi" von Mel Gibson gesehen hat, hat eine recht zutreffende Darstellung dessen gesehen, was eine Kreuzigung für den Betroffenen bedeutete. Es war die schlimmste Form der Hinrichtung, die die Römer erdacht hatten.

An dieser Stelle könnte man fragen, wie Gott im Psalm 2 so spöttisch lachen konnte. Hatten die Machthaber der Welt nicht gesiegt?

---

[3] Das steht in Apostelgeschichte 5,29

Der Grund, warum es heute Christen gibt, liegt in einem Ereignis drei Tage nach der Kreuzigung. Dieses Ereignis ist so unglaublich und einzigartig, dass es bis heute entweder überzeugte Nachfolger Christi hervorbringt oder Spott und Ablehnung hervorruft. Die Auferstehung Jesu aus den Toten lässt keine neutrale Zone zu. Der Auferstehung wegen konnte Gott die rebellischen Machthaber belächeln, denn Er erweckte Seinen Sohn von den Toten.

Weil Jesus immer wieder davon geredet hat, dass dies passieren würde, beschloss der Hohe Rat, den römischen Statthalter um eine Wache für das Grab zu bitten:

(Matthäus-Evangelium 27,62-66) „Am nächsten Tag – es war der Sabbat – kamen die Hohenpriester und Pharisäer bei Pilatus zusammen. "Herr", sagten sie, "uns ist eingefallen, dass dieser Verführer, als er noch lebte, behauptet hat: 'Nach drei Tagen werde ich wieder auferstehen.' Gib deshalb bitte den Befehl, dass die Gruft bis zum dritten Tag bewacht wird! Sonst könnten seine Jünger kommen und ihn stehlen und dann dem Volk gegenüber behaupten, er sei von den Toten auferstanden. Die zweite Verführung wäre dann noch schlimmer als die erste." "Ihr sollt eure Wache haben", erwiderte Pilatus. "Geht und sichert die Gruft so gut ihr könnt!" So zogen sie los, versiegelten den Rollstein am Eingang und sicherten das Grab mit der Wache. "

Gerade dadurch wurde die nächstliegende „Erklärung" für die Auferstehung von den Gegnern Christi selbst unmöglich gemacht. An einen Diebstahl der Leiche war unter diesen Umständen ja nicht mehr zu denken. Aber daran dachten die verschreckten und eingeschüchterten Jünger ohnedies nicht. Was sie dachten, kommt in jenem Gespräch deutlich zum Ausdruck, das zwei der Jünger Jesu mit einem Unbekannten führten:

(Lukas-Evangelium 24,18) „... und einer von ihnen – er hieß Kleopas – sagte: "Du bist wohl der einzige Mensch in Jerusalem, der nicht weiß, was sich in den letzten Tagen dort abgespielt hat?" "Was denn?" ... Sie erwiderten: "Das, was mit Jesus von Nazaret geschehen ist. Er war ein Prophet und hat in seinen Worten und Werken vor Gott und dem ganzen Volk seine Macht erwiesen. Unsere Hohenpriester und die anderen Oberen haben ihn zum Tod verurteilt und ans Kreuz nageln lassen. Dabei haben wir gehofft, dass er der sei, der Israel erlösen würde. Heute ist außerdem schon der dritte Tag, seitdem dies geschehen ist."

Die Jünger waren hoffnungslos, die Messias-Bewegung schien am Ende. Was geschah nun aber am dritten Tag nach der Kreuzigung, den wir als Ostersonntag feiern?

(Matthäus-Evangelium 28,1-7) „Nach dem Sabbat, in der Dämmerung des ersten Tages der neuen Woche machten sich Maria aus Magdala und die andere Maria auf den Weg, um nach dem Grab zu sehen. Plötzlich gab es ein starkes Erdbeben. Ein Engel des Herrn war vom Himmel gekommen und zum Grab getreten. Er wälzte den Stein weg und setzte sich darauf. Seine Gestalt flammte wie ein Blitz und sein Gewand war weiß wie Schnee. Da zitterten und bebten die Wächter vor Angst und fielen wie tot zu Boden. Der Engel sagte zu den Frauen: "Erschreckt nicht! Ich weiß, ihr sucht Jesus, den Gekreuzigten. Er ist nicht hier, er ist auferstanden wie er es gesagt hat. Kommt her und seht euch die Stelle an, wo er gelegen hat. Und nun geht schnell zu seinen Jüngern und sagt ihnen, dass er von den Toten auferstanden ist. Er geht euch nach Galiläa voraus. Dort werdet ihr ihn sehen. Ihr könnt euch auf meine Worte verlassen!""

Auch die Frauen, die Jesus gefolgt waren, hatten keinerlei Hoffnung mehr. Sie wollten den Toten nur mehr einbalsamieren und die hektische und improvisierte Beerdigung vom Karfreitag, dem Tag der Kreuzigung, ordentlich abschließen … und trauern.

Vor dem Grab standen die Wachen. Was dann geschah, verschlug ihnen die Sprache und ließ sie wehrlos zu Boden sinken. Die Erde bebte, das Grab wurde geöffnet und sie wurden durch ein grelles Licht geblendet. Ein Engel erschien den Frauen und sagte ihnen das Unfassbare: Jesus lebt, und sie würden Ihn in Kürze wieder sehen.

Die Soldaten, nachdem sie zu sich gekommen waren, mussten kleinlaut Bericht erstatten:

> *(Matthäus-Evangelium 28,11-15) „Während die Frauen noch auf dem Weg waren, kamen einige Soldaten von der Wache in die Stadt und berichteten den Hohenpriestern alles, was geschehen war. Sofort versammelten sie sich mit den Ratsältesten und fassten den Beschluss, die Soldaten zu bestechen. Sie gaben ihnen viel Geld und vereinbarten mit ihnen: "Ihr müsst sagen: 'Seine Jünger kamen in der Nacht, als wir schliefen, und haben den Leichnam gestohlen.' Wenn der Statthalter davon erfährt, werden wir mit ihm reden und ihn beschwichtigen, so dass ihr nichts zu befürchten habt." Die Soldaten nahmen das Geld und taten, wie man ihnen gesagt hatte. So wurde diese Geschichte in Umlauf gebracht, die bei den Juden noch heute verbreitet ist. "*

Dass Jesus auferstanden ist, wissen wir also aus erster Hand, von den unmittelbaren Zeugen. Wir wissen es von jenen, die Wache standen, um eine durch Leichendiebstahl vorgetäuschte Auferstehung zu verhindern. Wie peinlich ihnen das Ganze gewesen ist, kommt in diesem Text sehr deutlich zum Ausdruck. Der Hohe Rat, das Gericht, welches das Todesurteil über Jesus verhängt hatte, war in große Verlegenheit geraten.

Über 40 Tage hinweg begegnete Jesus nun regelmäßig Seinen Jüngern. Er aß mit ihnen, Er begleitete sie beim Fischfang und Er redete mit ihnen über das Königreich Gottes.[4] Das war Sein Thema, dafür war Er gekommen. Die Kreuzigung war kein Betriebsunfall, sondern Teil des Konzeptes.

Jesus, der Löwe und das Lamm

Jesus ist gekommen, um die Königsherrschaft Gottes zu verwirklichen. Da gab es aber ein schwerwiegendes Hindernis: Die Sünde der Menschen. Johannes der Täufer kam deshalb mit einer vorbereitenden Botschaft und Taufe. Dabei hat Er betont, es kommt noch etwas Weiterreichendes: Eine Taufe, die nicht nur mit Wasser, sondern auch mit Heiligem Geist vollzogen würde.

Als Jesus zu Ihm zur Taufe kam, da war Er der erste, der auch den Heiligen Geist in der Taufe empfing. Johannes machte seine Zuhörer darauf aufmerksam, dass dieser Jesus das Lamm Gottes sei. Zugleich aber ist Er der „Löwe aus Juda". Das sind zwei völlig gegensätzliche Bilder, aber genauso wird uns Jesus in der Offenbarung des Johannes (des Apostels, nicht des Täufers), dem letzten Buch der Bibel, beschrieben:

(Offenbarung 5,5-6) „Da sagte einer von den Ältesten zu mir: "Weine nicht! Einer hat gesiegt. Es ist der Löwe aus

---

dem Stamm Juda, der Spross, der aus dem Wurzelstock Davids hervorwuchs. Er wird die sieben Siegel aufbrechen und das Buch öffnen." Da sah ich mitten im Thron, in der Mitte der vier mächtigen Wesen und der Ältesten, ein Lamm stehen, das wie geschlachtet aussah. Es hatte sieben Hörner und sieben Augen. – Die sieben Augen sind die sieben Geister Gottes, die in alle Teile der Erde ausgesandt sind."

Ohne auf all die Symbole hier einzugehen, will ich nur darauf aufmerksam machen, dass dieses Lamm aussieht wie geschlachtet. Damit sollen wir an die Kreuzigung erinnert werden. Das Bild vom Löwen spricht von der Königsherrschaft Gottes, Jesus ist der legitime Thronerbe Davids, der König. Über die Königsherrschaft haben wir im letzten Kapitel etwas nachgedacht, nun aber müssen wir das Lamm Gottes betrachten.

In den Psalmen sagt Jesus zu Seinem Vater etwas, das so bedeutsam ist, dass es im Brief an die Hebräer besonders hervorgehoben wird:

(Hebräerbrief 10,4-10) „Das Blut von Stieren und Böcken ist eben nicht imstande, Sünden wegzunehmen. Deshalb sagte Christus bei seinem Eintritt in die Welt: "Opfer und Gaben hast du nicht verlangt, doch einen Leib hast du mir gegeben. Über Brand- und Sündopfer freust du dich nicht. Da habe ich gesagt: 'Hier bin ich! Ich bin gekommen, um deinen Willen zu tun – so, wie es in der Schrift von mir steht.'" Zuerst sagte er: "Opfer und Gaben hast du nicht verlangt, an Brand- und Sündopfern freust du dich nicht", obwohl diese Opfer doch vom Gesetz vorgeschrieben sind. Und dann fährt er fort: "Hier bin ich! Ich bin gekommen, um deinen Willen zu tun." Auf diese Weise hebt er die erste Ordnung auf, um die zweite in Kraft zu setzen. Und aufgrund dieses Willens sind wir

ein für alle Mal geheiligt, weil Jesus seinen Leib als Opfer dargebracht hat."

Die erste Ordnung, das ist das sogenannte Alte Testament, der Bund Gottes mit dem Volk Israel. Im Mittelpunkt dieses Bundes stand das Gesetz Gottes und der Tempel. Der Tempel war einerseits Ort der Anbetung Gottes und ein Zeichen Seiner Gegenwart und Herrschaft unter Seinem Volk. Andererseits wurden in diesem Tempel Tiere geschlachtet als Opfer für die Gesetzesübertretungen des Volkes.

Was auf den ersten Blick ganz schrecklich klingt, hat einen besonders tiefen Sinn: Gott möchte den Menschen gerne die Strafe für die Sünden erlassen. Er sagt, wer meine Gesetze übertritt, kann nicht in meinem Königreich bleiben. Wer aber von Gott getrennt ist, ist vom Leben und der Freude getrennt. Darum sind der Tod und die ewige Trennung von Gott in der äußersten Finsternis die letzte und schmerzhafte Konsequenz unseres Ungehorsams. Doch Gott will uns gnädig sein, und deshalb hat Er die Opfer eingeführt: Die Strafe, die wir verdienen, wird auf ein Opfertier (oft ein Lamm) gelegt, das an unserer Stelle geschlachtet wird.

Es ist erstaunlich, dass bereits im Alten Testament, als diese Opfer kein Priester in Frage zu stellen wagte, Gott selbst klar macht, dass Er diese Opfer eigentlich gar nicht will. Er hat sich mit Seinem Sohn abgesprochen, um das, wofür diese Opfer stehen mit einem einmaligen und endgültigen Opfer abzuschließen: Der Sohn Gottes wird für die Sünden der Menschen wie ein Lamm geopfert. Der König nimmt die Strafe für Seine ungehorsamen Untertanen auf Sich.

Ein anderer alttestamentlicher Text sagt das mit folgenden Worten:

(Prophet Jesaja 53,1-12) „*Wer hat denn unserer Botschaft geglaubt? / Und an wem hat sich Jahwes Macht auf diese Weise gezeigt? Wie ein kümmerlicher Spross wuchs er vor ihm auf, / wie ein Trieb aus dürrem Boden. / Er war weder stattlich noch schön. / Er war unansehnlich, / und er gefiel uns nicht. Er wurde verachtet, / und alle mieden ihn. / Er war voller Schmerzen, / mit Leiden vertraut, / wie einer, dessen Anblick man nicht mehr erträgt. / Er wurde verabscheut, / und auch wir verachteten ihn. Doch unsere Krankheit, / er hat sie getragen, / und unsere Schmerzen, / er lud sie auf sich. / Wir dachten, er wäre von Gott gestraft, / von ihm geschlagen und niedergebeugt. Doch man hat ihn durchbohrt wegen unserer Schuld, / ihn wegen unserer Sünden gequält. / Für unseren Frieden ertrug er den Schmerz, / und wir sind durch seine Striemen geheilt. Wie Schafe hatten wir uns alle verirrt; / jeder ging seinen eigenen Weg. / Doch ihm lud Jahwe unsere ganze Schuld auf. Er wurde misshandelt, / doch er, er beugte sich / und machte seinen Mund nicht auf. / Wie ein Lamm, das zum Schlachten geführt wird, / wie ein Schaf, das vor den Scherern verstummt, / so ertrug er alles ohne Widerspruch. Durch Bedrückung und Gericht wurde er dahingerafft, / doch wer von seinen Zeitgenossen dachte darüber nach? / Man hat sein Leben auf der Erde ausgelöscht. / Die Strafe für die Schuld meines Volkes traf ihn. Bei Gottlosen sollte er liegen im Tod, / doch ins Steingrab eines Reichen kam er, / weil er kein Unrecht beging / und kein unwahres Wort aus seinem Mund kam. / Doch Jahwe wollte ihn zerschlagen. / Er war es, der ihn leiden ließ. / Und wenn er sein Leben als Schuldopfer eingesetzt hat, / wird er leben und Nachkommen haben. / Durch ihn gelingt der Plan Jahwes. Nach seiner Seelenqual sieht er das*

Licht / und wird für sein Leiden belohnt. / Durch seine Erkenntnis wird mein Diener, der Gerechte, / den Vielen Gerechtigkeit bringen; / und ihre Vergehen lädt er auf sich. Darum teile ich die Vielen ihm zu, / und die Starken werden seine Beute sein, / weil er sein Leben dem Tod preisgegeben hat / und sich unter die Verbrecher rechnen ließ. / Dabei war er es doch, der die Sünden der Vielen trug / und fürbittend für Verbrecher eintrat."

Es lohnt sich, einmal kurz zusammenzufassen, was hier alles über Jesus gesagt wurde – und zwar rund 600 Jahre bevor es eintraf:

Ein kümmerlicher Spross – Er entstammte einer einfachen Familie in einer ländlichen Gegend; nicht gerade, wie wir uns die Geburt eines Königs vorstellen.

Er wurde gequält und litt viele Schmerzen – die römische Kreuzigung war mit der vorangehenden Geißelung die unmenschlichste Hinrichtungsart der Antike.

Durch Seine Striemen sind wir geheilt – das erinnert an die Geißelung.

Er wurde durchbohrt – Das weist auf den Stich mit der Lanze hin.

Er wurde wegen unserer Sünden getötet – das, sagte Er selbst, war der Sinn des Kreuzes.

Er trat fürbittend für Verbrecher ein – „Vater vergib ihnen, denn sie wissen nicht was sie tun", betet Jesus, als sie Ihn kreuzigten.

Er sollte bei Gottlosen sterben – links und rechts von ihm starben zwei wirkliche Verbrecher.

Bei einem Reichen sollte sein Grab sein – der reiche Ratsherr Joseph von Arimathäa stellte sein eigenes Grab zur Verfügung.

Nachdem Er gestorben ist, wird Er leben – Jesus ist auferstanden.

Das ist nur einer von vielen Texten im Alten (!) Testament, das Jahrhunderte vor Jesu Geburt und Kreuzigung geschrieben wurde, der in vielen Details vorhersagte, was mit Jesus geschehen würde. Und was noch wichtiger ist: Warum Er gestorben ist: Er ist das letzte und vollkommene Opfer für alle Sünden. Er ist das Lamm Gottes.

Ernüchternd klingt die Einleitung zu diesem prophetischen Text: „Wer hat unserer Botschaft geglaubt?" – Man kann fragen: „Wer glaubt das heute noch?"

Weitersagen der Botschaft und Auftrag zur Taufe

Diese Botschaft, dass ein rechtmäßiger König Sein Reich – nämlich die gesamte Menschheit – zurückfordert, ist für sich genommen schon gewaltig. Aber dass dieser König bereit ist, die Strafe für alle Gesetzesübertretungen auf sich zu nehmen, um jedem die Möglichkeit zu bieten, als Bürger in Seinem Reich aufgenommen zu werden, schlägt alles.

Das ist Gute Nachricht – und das ist die wörtlichste Übersetzung des religiösen Begriffs Evangelium.

Als Jesus zurück in den Himmel ging, vertraute Er das Weitersagen dieses Evangeliums Seinen Nachfolgern an. Warum das? Er erklärt es uns:

(Matthäus-Evangelium 24,14) „Und diese gute Botschaft vom Reich Gottes wird in der ganzen Welt gepredigt werden, damit alle Völker sie hören. Dann erst kommt das Ende."

Das Reich Gottes soll alle Völker umfassen, folglich muss diese Botschaft auch an alle Völker übermittelt werden. Diesen Auftrag übergab Jesus Seinen Nachfolgern, während Er sich zur Rechten Seines Vaters im Himmel setzte bis der Zeitpunkt gekommen sein würde, dieses Königreich vom Himmel herab zu bringen. Diesen Auftrag formulierte Er folgendermaßen:

(Matthäus-Evangelium 28,18-20) „Da trat Jesus auf sie zu und sagte: "Mir ist alle Macht im Himmel und auf der Erde gegeben. Darum geht zu allen Völkern und macht die Menschen zu meinen Jüngern. Dabei sollt ihr sie auf den Namen des Vaters, des Sohnes und des Heiligen Geistes taufen und sie belehren, alles zu befolgen, was ich euch geboten habe. Und seid gewiss: Ich bin jeden Tag bei euch, bis zum Ende der Zeit.""

(Markus-Evangelium 16,15-16) „Dann sagte er zu ihnen: "Geht in die ganze Welt und verkündet allen Menschen die gute Botschaft. Wer glaubt und sich taufen lässt, wird gerettet werden. Wer aber ungläubig bleibt, wird von Gott verurteilt werden."

(Lukas-Evangelium 24:46-48) "So steht es geschrieben", erklärte er ihnen, "und so musste der Messias leiden und sterben und am dritten Tag danach von den Toten auferstehen. Und in seinem Namen wird man allen Völkern, angefangen in Jerusalem, predigen, dass sie zu Gott umkehren sollen, um Vergebung der Sünden empfangen zu können. Ihr seid Zeugen für das alles."

(Johannes-Evangelium 20,30-31) „Jesus tat vor den Augen seiner Jünger noch viele andere Wunderzeichen, die aber nicht in diesem Buch aufgeschrieben sind. Was hier berichtet ist, wurde aufgeschrieben, damit ihr glaubt, dass Jesus der Messias ist, der Sohn Gottes, und damit ihr durch den Glauben in seinem Namen das Leben habt.""

(Apostelgeschichte 1,8) „Wenn aber der Heilige Geist auf euch gekommen ist, werdet ihr Kraft empfangen und als meine Zeugen auftreten: in Jerusalem, in ganz Judäa und Samarien und bis in den letzten Winkel der Welt.""

(2. Brief an die Korinther 5,18-20) „Aber das alles kommt von Gott, der uns durch Christus mit sich selbst ausgesöhnt und uns aufgetragen hat, diese Botschaft von der Versöhnung zu verkündigen: Gott war "in Christus" als er durch ihn die Menschen mit sich versöhnte und darauf verzichtete, ihnen ihre Verfehlungen anzurechnen. So sind wir nun Botschafter von Christus und es ist Gott, der durch uns mahnt. Wir bitten im Auftrag von Christus: Nehmt die Versöhnung an, die Gott euch anbietet!""

Ein Teil dieser Botschaft ist die Taufe. Wer bereit ist, Bürger des Reiches Gottes zu werden, indem er seine Gesinnung ändert, soll sich taufen lassen. Mit der Taufe bekundet der „Anwärter auf die Himmlische Staatsbürgerschaft",[5] dass er es ernst meint.

Die Taufe ist also untrennbar mit der Verkündigung des Evangeliums vom Königreich Gottes verbunden, sie markiert den Übertritt eines Menschen unter eine neue Regierung.

---

[5]   Der Begriff der „himmlischen Staatsbürgerschaft" steht tatsächlich in diesem Sinn in der Bibel: Philipperbrief 3,20

Der Vater, der Sohn und der Heilige Geist

Die „Taufformel", das heißt die Worte mit denen ein Mensch, der sich dem König Christus „unterwerfen" will, ins Wasser getaucht wird, lauten:

> *„Ich taufe dich auf den Namen des Vaters und des Sohnes und des Heiligen Geistes."*

Also geht es nicht um unseren Namen, unseren „Taufnamen", sondern um Gott, den Vater, den Sohn und den Heiligen Geist. In der frühen Kirche wurde man dementsprechend dreimal untergetaucht.[6] In den orthodoxen Kirchen ist das auch heute noch so, auch wenn sie Kinder taufen. Die Nennung aller drei Personen der Gottheit ist sehr wichtig, denn hier werden verschiedene „Ebenen" der Beziehung zu Gott beschrieben.

Gott, Dein Vater

Was das Neue Testament (also der Teil der Bibel, der mit Jesus beginnt) vom Alten Testament (alles vor Jesus) unterscheidet, ist die persönliche Beziehung des Gläubigen zu Gott als Vater. Im Alten Testament wird man vergeblich nach einer Stelle suchen, in der fromme Juden Gott als ihren Vater ansprechen. Wohl als Vater des ganzen Volkes, wenn auch selten, doch nie sagt ein frommer Jude „Mein Vater!" zu Gott.

---

[6]   So schreibt etwa Tertullian um 200 n.Chr.: *„Um von der Taufe auszugehen: Wenn wir ins Wasser treten, geben wir zu gleicher Zeit, aber auch schon einige Zeit vorher, in der Kirche unter der Hand des Bischofs die Erklärung ab, dass wir dem Teufel, seiner Pracht und seinen Engeln widersagen. Sodann werfen wir dreimal untergetaucht."* (De Corona Militis, Kp 3) – sehr schön wird hier auch der Herrschaftswechsel beschrieben.

Jesus war der erste, der dies tat. Er tat es, weil Er der Sohn Gottes ist; aber Er lehrte auch Seine Nachfolger dies zu tun. Das bekannteste Gebet der Christen ist deshalb das Vater Unser. Jesus erklärt, wie persönlich wir mit Gott reden können:

> *(Lukas-Evangelium 11,1-9) „Einmal hatte Jesus sich irgendwo zum Gebet zurückgezogen. Als er damit fertig war, sagte einer seiner Jünger zu ihm: "Herr, lehre uns beten. Johannes hat seine Jünger auch beten gelehrt." Jesus sagte zu ihnen: "Wenn ihr betet, dann sprecht: Vater, dein heiliger Name werde geehrt! Deine Herrschaft komme! Gib uns jeden Tag, was wir zum Leben brauchen! Und vergib uns unsere Sünden! Auch wir vergeben jedem, der an uns schuldig geworden ist. Und führe uns nicht in Versuchung!"“*

> *Was aber macht einen Menschen zu einem Kind Gottes? Die Antwort mag überraschen: Wenn man von Gott gezeugt bzw. geboren wird. Ein Kind Gottes ist man also nicht automatisch, sondern man benötigt eine göttliche Geburt. Im Johannes-Evangelium heißt es:*

> *(Johannes-Evangelium 1,12) „Doch allen, die ihn aufnahmen und an seinen Namen glaubten, gab er das Recht, Kinder Gottes zu werden. Sie wurden das nicht auf Grund natürlicher Abstammung, durch menschliches Wollen oder den Entschluss eines Mannes, sondern durch eine Geburt aus Gott.“*

Im Gespräch mit einem alten Theologen sagte Jesus:

> *(Johannes-Evangelium 3,5) „"Amen, ich versichere dir", erwiderte Jesus, "und bestätige es noch einmal: Wenn*

jemand nicht aus Wasser und Geist geboren wird, kann er nicht in das Reich Gottes kommen."

Was gehört also zu dieser neuen Geburt? Man muss an Jesus glauben, Ihm vertrauen. Das bedeutet, das Evangelium vom Reich Gottes annehmen, Ihn als König respektieren und sich dankbar darüber freuen, dass Er als das Lamm Gottes für unsere Sünden gestorben und auferstanden ist.

Es gehört Wasser zu dieser neuen Geburt, damit ist die Taufe gemeint. Weiters spielt der Heilige Geist eine große Rolle, der in uns etwas von der göttlichen Natur schafft, denn ein Kind Gottes muss naturgemäß auch göttlichen Wesens sein.

Darum sagt der Apostel Paulus über das Evangelium und die Taufe folgendes:

(Titus-Brief 3,4-5) „Als dann aber die Güte und Menschenliebe von Gott, unserem Retter, sichtbar wurde, hat er uns aus reinem Erbarmen gerettet und nicht, weil wir gute und gerechte Taten vorweisen konnten. Durch die Wiedergeburt hat er uns gewaschen und durch den Heiligen Geist uns erneuert."

Weiter sagt er über die Christen:

(2. Korinther-Brief 5,17) „Wenn deshalb jemand "in Christus" ist, dann ist er eine neue Schöpfung: Was er früher war, ist vergangen, etwas Neues ist entstanden."

(Römer-Brief 8,14-15) „Denn alle, die durch den Geist Gottes geleitet werden, sind Kinder Gottes. Der Geist, den ihr empfangen habt, macht euch ja nicht wieder zu Sklaven, dass ihr wie früher in Furcht leben müsstet. Nein, ihr habt den Geist empfangen, der euch zu Kindern

Gottes macht, den Geist, in dem wir "Abba Vater!" zu Gott sagen."

Den großen Gott und Schöpfer der Welt als Vater haben zu dürfen, gehört mit Sicherheit zu den schönsten und bewegendsten Aspekten des Evangeliums. Ich meine, man kann sich kaum genug darüber freuen!

Jesus, Sohn Gottes, Dein Herr

Als Petrus kurz nach der Rückkehr Jesu in den Himmel seine erste große Rede hielt, sagte er:

(Apostelgeschichte 2,36) "Ganz Israel soll nun mit Sicherheit wissen: Diesen Jesus, den ihr gekreuzigt habt, den hat Gott zum Herrn und zum Messias gemacht."

Durch die Auferstehung Christi aus den Toten hat Gott bestätigt, dass dieser Jesus, der von seinen Landsleuten und den Behörden gekreuzigt worden ist, tatsächlich Herr und Messias ist. Das heißt, Er ist der rechtmäßige Herrscher, der Sohn des Königs David.

Wer Christ werden will, bekennt die Königsherrschaft Christi und ist bereit, sich Seinen Gesetzen unterzuordnen, um nach ihnen zu leben.

Es liegt eine gewisse Spannung in den Titeln „Herr" und „Sohn Gottes", denn genauso bezeichneten sich damals auch die römischen Kaiser, die auch über Israel herrschten; denn die Römer betrachteten ihre Kaiser als Götter und bauten ihnen sogar Tempel. Jeder Sohn eines Kaisers, der seinem Vater auf den Thron folgte, war demnach ein „Sohn Gottes". „Herr" als Titel wiederum bedeutet „Herrscher". Einerseits ist also der Kaiser „Herr" und „Sohn Gottes", andererseits bekennen Christen Jesus als „Herrn" und „Sohn Gottes". Das führte nicht nur zu Missverständnissen, sondern zu handfesten Konflikten.

(Apostelgeschichte 17,6-7) „Als sie die beiden aber nicht fanden, schleppten sie Jason und einige andere Brüder vor die Politarchen, die Stadtobersten, und schrien: "Die Leute, die die ganze Welt in Aufruhr bringen, sind auch hierher gekommen. Jason hat sie bei sich aufgenommen! Sie alle verstoßen gegen die Verordnungen des Kaisers, denn sie behaupten, ein anderer sei der wahre König, nämlich Jesus!"“

Paulus bestätigte indirekt diesen Vorwurf, als er schrieb:

(1. Korinther-Brief 8,5-6) „Selbst wenn es Größen im Himmel und auf der Erde gibt, die Götter genannt werden – und solche Götter und Herren gibt es viele – so haben wir doch nur einen Gott, den Vater, von dem alles kommt und zu dem wir gehen. Und wir haben nur einen Herrn, Jesus Christus, durch den alles entstand und durch den wir leben."

Die größten Schwierigkeiten hatten Christen im Römischen Reich deshalb, weil sie den Kaiser nicht als Gott verehren oder bekennen wollten. Das zeigt aber auch wie real das Königreich Gottes für sie war. Sie lebten als Bürger des Reiches Gottes und betrachteten sich in dieser Welt nur mehr als Gäste, Fremde oder Durchreisende. Ebenso real muss das Reich Gottes auch heute für Christen sein.

Wie jeder Fremde in unserem Land sich an unsere Gesetze halten muss, so betonen die Christen, dass man die Landesgesetze halten und die irdischen Herrscher zu respektieren habe; doch es gibt eine wesentliche Grenze: Man muss immer Gott mehr gehorchen als den Menschen.[7]

---

[7] Apostelgeschichte 5,29

Wer also Jesus als König bekennt, wird kein kritikloser und bedingungslos treuer Staatsbürger auf Erden mehr sein, denn sein Herz gehört Gott und Seinem Königreich.[8]

Die Taufe wird oft nur als Taufe auf den Namen Jesu bezeichnet (anstelle von „im Namen des Vaters, des Sohnes und des Heiligen Geistes."). Das zeigt, dass das Bekenntnis zum König Jesus das zentrale Element unseres Glaubens ist. Als die Zuhörer des Petrus nun fragten, was sie angesichts des Evangeliums tun sollten, antwortete er ihnen:

(Apostelgeschichte 2,38-39) „"Ändert eure Einstellung!", erwiderte Petrus, "Lasst euch auf den Namen von Jesus Christus taufen! Dann werdet ihr die Vergebung für eure Sünden erhalten und den Heiligen Geist geschenkt bekommen. Denn diese Zusage gilt euch und euren Kindern und allen, die jetzt noch weit weg sind. Sie gilt allen, die der Herr, unser Gott, noch hinzurufen wird." Er redete ihnen lange eindringlich zu und ermahnte sie: "Lasst euch aus dieser schuldbeladenen Generation herausretten!""

---

[8]   Um 150 n.Chr. beschreibt ein anonymer Christ einem Griechen, warum Christen „anders" sind: *„Sie bewohnen Städte von Griechen und Nichtgriechen, wie es einem jeden das Schicksal beschieden hat, und fügen sich der Landessitte in Kleidung, Nahrung und in der sonstigen Lebensart, legen aber dabei einen wunderbaren und anerkanntermaßen überraschenden Wandel in ihrem bürgerlichen Leben an den Tag. Sie bewohnen jeder sein Vaterland, aber nur wie Beisassen; sie beteiligen sich an allem wie Bürger und lassen sich alles gefallen wie Fremde; jede Fremde ist ihnen Vaterland und jedes Vaterland eine Fremde. Sie heiraten wie alle andern und zeugen Kinder, setzen aber die geborenen nicht aus. Sie haben gemeinsamen Tisch, aber kein gemeinsames Lager. Sie sind im Fleische, leben aber nicht nach dem Fleische. Sie weilen auf Erden, aber ihr Wandel ist im Himmel. Sie gehorchen den bestehenden Gesetzen und überbieten in ihrem Lebenswandel die Gesetze."* (Diognet-Brief Kapitel 3)

Es gilt nach wie vor, was auch Johannes der Täufer predigte: Wenn das Reich Gottes sichtbar kommen wird, wird es ein Strafgericht geben. Darum müssen wir uns aus dieser schuldbeladenen Gesellschaft, in der wir leben, herausretten lassen. Das geschieht, indem wir unsere Gesinnung ändern und einen anderen Lebensstil erlernen als um uns herum üblich ist. Wir sollen lernen, den Gesetzen des Königs zu folgen.

Der Heilige Geist, Dein Begleiter

Als Jesus zurück in den Himmel ging, war die Stunde des Abschieds für die Jünger schwer. Er sagte Ihnen aber, dass sie nicht traurig sein müssten:

(Johannes-Evangelium 14,16-17) Und ich werde den Vater bitten, dass er euch an meiner Stelle einen anderen Beistand gibt, der für immer bei euch bleibt. Das ist der Geist der Wahrheit, den die Welt nicht bekommen kann, weil sie ihn nicht sieht und ihn nicht kennt. Aber ihr kennt ihn, denn er bleibt bei euch und wird in euch sein.

(Johannes-Evangelium 14,26) Aber der Beistand, den der Vater in meinem Namen senden wird, der Heilige Geist, wird euch alles Weitere lehren und euch an alles erinnern, was ich euch gesagt habe.

(Johannes-Evangelium 16,7) „Doch glaubt mir: Es ist das Beste für euch, wenn ich fortgehe. Denn wenn ich nicht wegginge, käme der Beistand nicht zu euch. Wenn ich jedoch fortgehe, wird er kommen, denn ich werde ihn zu euch senden.“

Der Heilige Geist übernimmt gewissermaßen den Platz Christi im Leben Seiner Nachfolger. Er wird fortsetzen, was Jesus begonnen hat, wird sie begleiten, unterweisen, führen und ihnen beistehen. Der Vorteil des heiligen Geistes gegenüber Jesus besteht darin, dass Jesus durch den Körper an Raum und Zeit gebunden war, der Heilige Geist aber allen Menschen überall und zu jeder Zeit gleich nahe sein kann.

Hatte Jesus also wirklich engen Kontakt nur mit 12 seiner Nachfolger und darüber hinaus mit bis zu 70 Personen, so hat Er durch den Heiligen Geist Gemeinschaft mit allen, die zu Ihm gehören.

Konnte Jesus als Mensch auf Erden nur den Menschen helfen, die in Seiner unmittelbaren Nähe waren, kann Er durch den Heiligen Geist in den Christen auf der ganzen Welt Menschen begegnen und helfen. Seine Reichweite ist also um ein Vielfaches größer geworden, indem jeder Christ mit dem Heiligen Geist erfüllt wird.

Wir erinnern uns, dass Johannes der Täufer sagte, Jesus würde mit Heiligem Geist taufen. Als Petrus nun in seiner Rede an das Volk die Leute dazu aufrief, ihre Gesinnung zu ändern, da sagte er auch: „Lasst euch auf den Namen von Jesus Christus taufen! Dann werdet ihr die Vergebung für eure Sünden erhalten und den Heiligen Geist geschenkt bekommen."

Der Heilige Geist macht uns einerseits zu Kindern Gottes, sodass wir Gott „Vater" nennen können.[9]

Der Heilige Geist ist Christi Stellvertreter in uns, sodass durch uns Christus zu den Menschen auf der ganzen Welt kommen kann.[10]

---

[9]   Römerbrief 8,14-17

[10]   2. Korintherbrief 5,20

Der Heilige Geist ist unser Lehrer, der uns daran erinnert, was Christus gesagt hat und uns hilft, es zu verstehen.[11]

Der Heilige Geist gibt uns auch Kraft und Mut und befähigt uns, Gottes Gebote zu halten.[12]

Durch den Heiligen Geist wird zudem die Liebe Gottes in unsere Herzen ausgegossen, damit wir diese Liebe an andere weitergeben.[13]

Außerdem gibt uns der Heilige Geist verschiedene Fähigkeiten, mit denen wir anderen dienen können.[14]

Alle, die den Heiligen Geist empfangen, werden zu einer Gemeinschaft, die „Gemeinde" oder „Kirche" genannt wird, die mit dem „Leib Christi" verglichen wird. Die Gesamtzahl der Nachfolger Christi in all ihrer Verschiedenheit und unterschiedlichen Begabung ist „Christus in Aktion" in unserer Zeit und Welt.[15]

Diese Aufzählung ist unvollständig, aber sie zeigt uns doch, welch großartige Sache das Evangelium ist, und welche Zusagen mit der Taufe auf den Namen des Vaters, des Sohnes und des Heiligen Geistes verbunden sind. Diese Zusammenfassung kann also nicht die Lektüre des ganzen Neuen Testaments ersetzen.

Fassen wir die Ergebnisse noch einmal zusammen und vergleichen wir die christliche Taufe mit der Kindertaufe. Abgesehen von der Bezeichnung „Taufe", was haben diese beiden „Riten" wirklich gemeinsam?

---

[11] Johannes-Evangelium 14,26

[12] 2.Timotheusbrief 1,7 und Philipperbrief 2,13

[13] Römerbrief 5,5

[14] 1. Korintherbrief 12,4-11

[15] Epheserbrief 4,15+16

	Kindertaufe	Christliche Taufe
Ort	Kirche	Fluss, oder große Taufbecken
Personen	Säuglinge, die noch nichts Böses getan haben	Erwachsene, die ihr Leben ändern wollen
Atmosphäre	Familiär, liebevoll, festlich	Angespannt, erschütternd, bedrohlich
Modus	Übergießen	Untertauchen
Bezug	Gesellschaft und Kultur, in der wir leben	Das Reich Gottes, das kommen wird; Der Vater, der Sohn und der Heilige Geist
Voraussetzung	Geboren zu sein	Bereitschaft, unter der himmlischen Gesetzgebung zu leben
Bedeutung	Schöne Familienfeier	Vergebung der bisherigen Übertretungen von Gottes Gesetzen
Bürgerrecht	Verwurzelung in der christlichen Kultur des Landes	Wechsel von unserem bisher geführten Leben des Ungehorsams unter die Herrschaft des Reiches Gottes.
Wirkung	Man gilt als „Christ" im kulturellen Sinn	Vergebung der Sünden Eine neue Geburt Empfang des Heiligen Geistes

Verschiedenes über die Taufe aus den Briefen der Apostel

Von nun an wurden alle, die das Evangelium vom Königreich Gottes hörten und ernst nahmen, getauft. Damit drückten sie aus, dass sie dem Strafgericht Gottes entgehen wollten, um stattdessen unter der Herrschaft Seines Sohnes zu leben. Diese Herrschaft ist gekennzeichnet von Liebe, Gerechtigkeit und Frieden.

Wenn die Apostel, als die Männer, die Jesus als Missionare ausgebildet und ausgesandt hat, Briefe an die verschiedenen Gemeinden schrieben, erinnerten sie die jungen Christen immer wieder daran, wie großartig das Evangelium und ihre Errettung ist. Ein paar Beispiele:

(Kolosser-Brief 1,13-14) „Er hat uns aus der Gewalt der Finsternismächte befreit und uns unter die Herrschaft seines lieben Sohnes gestellt. Ja, weil wir mit Christus verbunden sind, wurden wir aus der Macht des Bösen freigekauft und die Sünden sind uns vergeben."

(1. Thessalonicher-Brief 1,9-10) „Denn wo wir hinkommen, redet man davon, welche Wirkung unser Besuch bei euch hatte. Die Leute erzählen, wie ihr euch von den Götzen abgewandt habt und zu dem wahren und lebendigen Gott umgekehrt seid, um ihm zu dienen und auf seinen Sohn zu warten, der aus den Himmeln zurückkommen wird, auf Jesus, der uns vor dem kommenden Gericht rettet."

(1. Petrus-Brief 1,3-4) „Gepriesen sei Gott, der Vater unseres Herrn Jesus Christus! In seinem großen Erbarmen hat er uns wiedergeboren und uns mit einer lebendigen Hoffnung erfüllt. Sie gründet sich darauf, dass Jesus Christus

von den Toten auferstanden ist und richtet sich auf das unvergängliche, unbefleckte und unverderbliche Erbe, das Gott im Himmel für euch bereithält."

Dabei kommen die Apostel auch immer wieder auf die Taufe zu sprechen, um zu zeigen, wie wichtig sie bei der Bekehrung war, aber auch, welche Auswirkungen sie im täglichen Leben haben soll. Einmal geht Paulus auf die Frage ein, ob die Vergebung der Sünden nicht ein Freibrief zum Sündigen sei. Darauf antwortete er:

(Römer-Brief 6,1-6) „Was heißt das nun? Sollen wir an der Sünde festhalten, damit die Gnade sich noch mächtiger auswirken kann? Auf keinen Fall! Für die Sünde sind wir doch schon gestorben, wie können wir da noch in ihr leben? Oder wisst ihr nicht, dass alle von uns, die auf Jesus Christus getauft wurden, in seinen Tod mit eingetaucht worden sind? Durch die Taufe sind wir also mit Christus in den Tod hinein begraben worden, damit so, wie Christus durch die herrliche Macht des Vaters von den Toten auferweckt wurde, wir nun ebenfalls in dieser neuen Wirklichkeit leben. Denn wenn wir mit der Gestalt seines Todes vereinigt worden sind, werden wir es auch mit der Gestalt seiner Auferstehung sein. Wir sollen also begreifen, dass unser alter Mensch mit Christus gekreuzigt worden ist, damit unser sündiges Wesen unwirksam gemacht wird und wir der Sünde nicht mehr sklavisch dienen. "

Die Taufe markiert tatsächlich einen Wendepunkt im Leben. Das Leben, das wir vorher geführt haben, gilt als beendet. Denn die neue Geburt beinhaltet auch einen Tod: Wir sind mit Christus gestorben, damit wir ein Neues Leben führen, das Seinem Leben gleichen soll. Die Rückbesinnung auf die Taufe hilft uns also, uns in unserem Leben auf den Willen Gottes zu konzentrieren und den Versuchungen zur Sünde zu widerstehen.

(Galater-Brief 3,27-28) „Denn ihr alle, die ihr auf Christus getauft wurdet, habt euch mit Christus bekleidet. Da gibt es keine Juden oder Nichtjuden mehr, Sklaven oder Freie, Männer oder Frauen, denn in Christus seid ihr alle zu Einem geworden."

Mit diesen Worten versucht Paulus den Christen begreiflich zu machen, dass mit der neuen Geburt auch alle gesellschaftlichen Unterschiede aufgehoben sind. Vor Gott stehen zählen freie Menschen nicht mehr als Sklaven, Männer nicht mehr als Frauen, Inländer nicht mehr als Ausländer. Wir alle haben, sagt er, in der Taufe Christus angezogen. Was wir aneinander also sehen sollen, ist das Leben Christi. Das bedeutet, dass wir unser Leben beständig Ihm angleichen sollen. Wir haben alte Gewohnheiten abzulegen und uns christliche Gewohnheiten anzueignen:

(Kolosser-Brief 3,1-10) „Wenn ihr nun mit Christus zu einem neuen Leben auferstanden seid, dann richtet euch auch ganz nach ihm aus und orientiert euch dorthin, wo Christus sitzt: auf dem Ehrenplatz neben Gott. Seid auf das Himmlische bedacht und nicht auf das Irdische. Denn ihr seid gestorben und euer Leben ist mit Christus verborgen in Gott. Wenn Christus, euer Leben, einmal allen sichtbar werden wird, dann wird auch offenbar werden, dass ihr seine Herrlichkeit mit ihm teilt.

Darum tötet alles, was zu eurer irdischen Natur gehört: Unzucht, Schamlosigkeit, Leidenschaft, böse Lüste und Habgier, die Götzendienst ist. Diese Dinge ziehen Gottes Zorn nach sich. Auch ihr habt früher entsprechend gelebt, als ihr noch ganz vom Irdischen bestimmt wart. Doch jetzt müsst ihr solche Dinge wie Zorn, Wut, Bosheit, Beleidigungen und hässliche Redensarten aufgeben. So etwas darf nicht mehr über eure Lippen kommen. Hört auf, euch gegenseitig zu belügen, denn ihr habt doch den alten Menschen mit seinen Gewohnheiten ausgezogen und seid neue Menschen geworden, die ständig erneuert werden und so immer mehr dem Bild entsprechen, das der Schöpfer sich vorgestellt hat."

Die Taufe ist also nur der Anfang eines Weges; Doch so, wie man am Flughafen erst einchecken muss, ehe man abheben kann, so steht am Anfang des christlichen Lebens die Taufe. In der Taufe erklärt sich ein Mensch bereit, Christus als König anzuerkennen und Ihm zu gehorchen. Doch bei dieser Absichtserklärung darf er nicht stehen bleiben.

Was für einen Lebensstil erwartet der König Jesus?

Jesus erwartet von uns nicht, einen Blankoscheck zu unterschreiben. Er erwartet keinen „blinden" Gehorsam, sondern Er verwendete viel Zeit damit zu erklären, wie das Reich Gottes zu verstehen sei und welche Regeln darin gelten. Er fordert uns auch auf, die Kosten zu überschlagen, ehe wir uns taufen lassen. Ihm ist es lieber, wir sagen vorerst nein zu Seiner Einladung und entscheiden uns später, als umgekehrt. Er verpackte dies in einer Geschichte, die er im Anschluss an ein kurzes Gespräch über die Taufe des Johannes erzählte:

(Matthäus-Evangelium 21,23-32) „Als Jesus in den Tempel ging, traten die Hohenpriester und Ältesten des Volkes zu ihm und fragten: "Mit welchem Recht tust du

*das alles? Wer hat dir die Vollmacht dazu gegeben?" "Ich
will euch nur eine Frage stellen", erwiderte Jesus, "wenn
ihr sie mir beantwortet, werde ich euch sagen, wer mir die
Vollmacht gegeben hat, so zu handeln. Taufte Johannes
im Auftrag Gottes oder im Auftrag von Menschen?" Sie
überlegten miteinander: "Wenn wir sagen, 'im Auftrag
Gottes', wird er fragen: 'Warum habt ihr ihm dann nicht
geglaubt?' Wenn wir aber sagen: 'Von Menschen', dann
müssen wir uns vor dem Volk fürchten, denn sie glauben
alle, dass Johannes ein Prophet war." So sagten sie zu Jesus:
"Wir wissen es nicht." "Gut", erwiderte Jesus, "dann sage
ich euch auch nicht, von wem ich die Vollmacht habe, das
alles zu tun.*

*Doch was haltet ihr von folgender Geschichte? Ein Mann
hatte zwei Söhne und sagte zu dem älteren: 'Mein Sohn,
geh heute zum Arbeiten in den Weinberg!' 'Ich will
aber nicht!', erwiderte der. Doch später bereute er seine
Antwort und ging doch. Dem zweiten Sohn gab der
Vater denselben Auftrag. 'Ja, Vater!', antwortete dieser,
ging aber nicht. – Wer von den beiden hat nun dem
Vater gehorcht?" "Der Erste", antworteten sie. Da sagte
Jesus zu ihnen: "Ich versichere euch, dass die Zöllner und
die Huren eher ins Reich Gottes kommen als ihr. Denn
Johannes hat euch den Weg der Gerechtigkeit gezeigt, aber
ihr habt ihm nicht geglaubt. Die Zöllner und die Huren
haben ihm geglaubt. Ihr habt es gesehen und wart nicht
einmal dann bereit, eure Haltung zu ändern und ihm
Glauben zu schenken.""*

Es gibt im Reich Gottes keine Nötigung zu unbedachten
Entscheidungen. Man kann zuerst ablehnend sein, und
dann dennoch die Meinung ändern. Indirekt sind die
Worte Jesu auch ein neues Angebot an die Pharisäer gewesen: „Ändert doch Eure Gesinnung! Es genügt nicht zu

sagen: ‚Ja, Herr, ich will Deinen Willen tun und Dir treu sein.' Tu es! Sei es! Rede nicht nur darüber!"

Es geht um einen Weg der Gerechtigkeit. In einer Grundsatzrede, gleich zu Beginn des Neuen Testaments, legt Jesus dar, welche Gesinnung wir in Seinem Königreich brauchen. Er erklärt, welche Gesetze gelten; aber er öffnet auch unseren Blick für die persönliche Beziehung zu Gott als unserem himmlischen Vater, der für uns sorgt und den wir um alles bitten dürfen.

Diese Rede ist im Wesentlichen selbsterklärend. Darum will ich hier nichts anderes tun, als sie wiederzugeben. Sie findet sich im Matthäus-Evangelium, Kapitel 5-7:

„Vom wahren Glücklichsein:

Als Jesus die vielen Menschen sah, stieg er auf den Berg dort und setzte sich. Da versammelten sich seine Jünger um ihn und er begann, sie zu lehren. Er sagte:

"Wie glücklich sind die, die ihre Armut vor Gott erkennen! / Ihnen gehört das Reich, das vom Himmel regiert wird.

Wie glücklich sind die, die Leid tragen über Sünde, / denn Gott wird sie trösten!

Wie glücklich sind die, die sich nicht selbst durchsetzen! / Sie werden das Land besitzen.

Wie glücklich sind die, die nach dem rechten Verhältnis zu Gott und Menschen hungern und dürsten! / Sie werden satt werden.

Wie glücklich sind die Barmherzigen! / Ihnen wird Gott seine Zuwendung schenken.

Wie glücklich sind die, die ein reines Herz haben! / Sie werden Gott sehen.

Wie glücklich sind die, von denen Frieden ausgeht! / Sie werden Kinder Gottes genannt.

Wie glücklich sind die, die verfolgt werden, weil sie Gottes Willen tun. / Ihnen gehört das Reich, das vom Himmel regiert wird.

Wie beneidenswert glücklich seid ihr, wenn sie euch beschimpfen, verfolgen und verleumden, weil ihr zu mir gehört. Freut euch und jubelt! Denn im Himmel wartet ein großer Lohn auf euch. Und genauso haben sie vor euch schon die Propheten verfolgt."

"Ihr seid das Salz der Erde. Wenn das Salz aber seinen Geschmack verliert, womit soll man es wieder salzig machen? Es taugt zu nichts anderem mehr als auf den Weg geschüttet, um von den Leuten zertreten zu werden. Ihr seid das Licht der Welt. Eine Stadt, die auf einem Berg liegt, kann nicht verborgen bleiben. Man zündet auch nicht eine Lampe an und stellt sie unter einen umgestülpten Topf, im Gegenteil, man stellt sie auf den Lampenständer, damit sie allen im Haus Licht gibt. So soll euer Licht vor den Menschen leuchten: Sie sollen eure guten Werke sehen und euren Vater im Himmel preisen."

Der Weg der Gerechtigkeit:

"Denkt nicht, dass ich gekommen bin, um das Gesetz oder die Propheten außer Kraft zu setzen. Ich bin nicht gekommen, ihre Forderungen abzuschaffen, sondern um sie zu erfüllen. Denn ich versichere euch: Solange Himmel

und Erde bestehen, wird auch nicht ein Punkt oder Strich vom Gesetz vergehen; alles muss sich erfüllen. Wer auch nur eins von den kleinsten Geboten aufhebt und die Menschen in diesem Sinn lehrt, der gilt in dem Reich, das vom Himmel regiert wird, als der Geringste. Wer aber danach handelt und entsprechend lehrt, der wird in diesem Reich hochgeachtet sein. Ich sage euch: Wenn ihr Gottes Willen nicht besser erfüllt, als die Gesetzeslehrer und Pharisäer, werdet ihr mit Sicherheit nicht in das Reich kommen, das vom Himmel regiert wird."

"Ihr habt gehört, dass zu den Vorfahren gesagt worden ist: 'Du sollst keinen Mord begehen. Wer mordet soll vor Gericht gestellt werden.' Ich aber sage euch: Schon wer auf seinen Bruder zornig ist, gehört vor Gericht. Wer aber zu seinem Bruder 'Schwachkopf' sagt, der gehört vor den Hohen Rat. Und wer zu ihm sagt: 'Du Idiot!', gehört ins Feuer der Hölle. Wenn du also deine Opfergabe zum Altar bringst und es fällt dir dort ein, dass dein Bruder etwas gegen dich hat, dann lass deine Gabe vor dem Altar liegen; geh und versöhne dich zuerst mit deinem Bruder! Dann komm und bring Gott dein Opfer. Wenn du jemand eine Schuld zu bezahlen hast, einige dich schnell mit deinem Gegner, solange du noch mit ihm auf dem Weg zum Gericht bist. Sonst wird er dich dem Richter ausliefern, und der wird dich dem Gerichtsdiener übergeben, und du kommst ins Gefängnis. Ich versichere dir, du kommst erst dann wieder heraus, wenn du den letzten Cent bezahlt hast."

"Ihr wisst, dass es heißt: 'Du sollst nicht Ehebruch begehen!' Ich aber sage euch: Wer die Frau eines anderen begehrlich ansieht, hat in seinem Herzen schon Ehebruch mit ihr begangen. Wenn du durch dein rechtes Auge

verführt wirst, dann reiß es aus und wirf es weg! Es ist besser für dich, du verlierst eins deiner Glieder, als dass du mit unversehrtem Körper in die Hölle kommst. Und wenn dich deine rechte Hand zur Sünde verführt, dann hau sie ab und wirf sie weg. Es ist besser für dich, du verlierst eins deiner Glieder, als dass du mit unversehrtem Körper in die Hölle kommst.

Es heißt: 'Wer sich von seiner Frau trennen will, muss ihr eine Scheidungsurkunde geben.' Ich aber sage euch: Jeder, der sich von seiner Frau trennt – es sei denn, sie ist ihm untreu geworden -, treibt sie in den Ehebruch. Und wer eine geschiedene Frau heiratet, begeht auch Ehebruch."

"Ihr wisst auch, dass zu den Vorfahren gesagt worden ist: 'Du sollst keinen Meineid schwören; du sollst alles halten, was du dem Herrn geschworen hast!' Ich aber sage euch: Schwört überhaupt nicht, weder beim Himmel – er ist ja Gottes Thron -, noch bei der Erde – sie ist der Schemel seiner Füße -, noch bei Jerusalem, denn sie ist die Stadt des großen Königs. Nicht einmal mit deinem Kopf sollst du dich verbürgen, wenn du etwas schwörst, denn du kannst nicht ein einziges Haar weiß oder schwarz werden lassen. Euer Ja sei ein Ja und euer Nein ein Nein! Alles was darüber hinausgeht, stammt vom Bösen.

Ihr wisst, dass es heißt: 'Auge um Auge, Zahn um Zahn.' Ich aber sage euch: Verzichtet auf Gegenwehr, wenn euch jemand Böses antut! Mehr noch: Wenn dich jemand auf die rechte Wange schlägt, dann halte ihm auch die linke hin. Und wenn dich einer vor Gericht bringen will, um dir das Hemd wegzunehmen, dem lass auch den Umhang. Und wenn dich jemand zwingt, eine Meile mitzugehen, mit dem geh zwei. Gib dem, der dich bittet und weise den nicht ab, der etwas von dir borgen will.

Ihr wisst, dass es heißt: 'Du sollst deinen Mitmenschen lieben und deinen Feind hassen.' Ich aber sage euch: Liebt eure Feinde und betet für die, die euch verfolgen. So erweist ihr euch als Kinder eures Vaters im Himmel. Denn er lässt seine Sonne über Bösen und Guten aufgehen und lässt regnen über Gerechte und Ungerechte. Wenn ihr nur die liebt, die euch lieben, welchen Lohn habt ihr dafür wohl verdient? Denn das machen auch die Zöllner. Und wenn ihr nur zu euren Brüdern freundlich seid, was tut ihr damit Besonderes? Das tun auch die, die Gott nicht kennen. Ihr nun sollt vollkommen sein wie euer Vater im Himmel vollkommen ist."

Seid keine religiösen Heuchler!

Hütet euch, eure Frömmigkeit vor den Menschen zur Schau zu stellen. Sonst könnt ihr keinen Lohn vom Vater im Himmel erwarten.

Wenn du zum Beispiel den Armen etwas gibst, dann lass es nicht vor dir her ausposaunen, wie es die Heuchler in den Synagogen und auf den Gassen tun, um von den Leuten geehrt zu werden. Ich versichere euch: Mit dieser Ehrung haben sie ihren Lohn schon kassiert. Wenn du den Armen etwas gibst, dann soll deine linke Hand nicht wissen, was die rechte tut, damit deine Mildtätigkeit im Verborgenen bleibt. Dann wird dein Vater, der ins Verborgene sieht, dich belohnen.

Wenn ihr betet, macht es nicht so wie die Heuchler, die sich dazu gern in die Synagogen und an die Straßenecken stellen, damit sie von den Leuten gesehen werden. Ich versichere euch: Mit dieser Ehrung haben sie ihren Lohn schon kassiert. Wenn du betest, geh in dein Zimmer, schließ die Tür und bete zu deinem Vater, der im Verborgenen ist. Dann wird dein Vater, der ins Verborgene sieht, dich belohnen. Beim Beten sollt ihr nicht plappern wie die Menschen, die Gott nicht kennen. Sie denken, dass sie erhört werden, wenn sie viele Worte machen. Macht es nicht wie sie! Denn euer Vater weiß ja, was ihr braucht, noch bevor ihr ihn bittet.

Ihr sollt vielmehr so beten:
Unser Vater im Himmel!
Dein heiliger Name werde geehrt!
Deine Herrschaft komme!
Dein Wille geschehe auf der Erde wie im Himmel!
Gib uns, was wir heute brauchen!
Und vergib uns unsere ganze Schuld!
Auch wir haben denen vergeben, die an uns schuldig geworden sind.
Und führe uns nicht in Versuchung,
sondern rette uns vor dem Bösen!

Denn wenn ihr den Menschen ihre Verfehlungen vergebt, wird euer Vater im Himmel euch auch vergeben. Wenn ihr den Menschen aber nicht vergebt, dann wird euer Vater auch eure Verfehlungen nicht vergeben.

Wenn ihr fastet, dann setzt keine wehleidige Miene auf wie die Heuchler. Sie vernachlässigen ihr Aussehen, damit die Leute ihnen ansehen, dass sie fasten. Ich versichere euch: Mit dieser Ehrung haben sie ihren Lohn schon kassiert. Wenn du fastest, dann pflege dein Haar und wasche dein Gesicht, damit nicht die Leute sehen, dass du fastest, sondern dein Vater, der im Verborgenen ist. Und dein Vater, der auch das Verborgene sieht, wird dich belohnen.

Geld regiert (nicht) die Welt:

Sammelt euch keine Reichtümer hier auf der Erde, wo Motten und Rost sie zerfressen oder Diebe einbrechen und stehlen. Sammelt euch lieber Schätze im Himmel, wo sie weder von Motten noch von Rost zerfressen werden können und auch vor Dieben sicher sind. Denn wo dein Schatz ist, da wird auch dein Herz sein.

Dein Auge vermittelt dir das Licht. Wenn dein Auge klar ist, kannst du dich im Licht bewegen. Ist es schlecht, dann steht dein Körper im Finstern. Wenn nun das Licht in dir Dunkelheit ist, welch eine Finsternis wird das sein!

Niemand kann gleichzeitig zwei Herren unterworfen sein. Entweder wird er den einen bevorzugen und den anderen vernachlässigen oder dem einen treu sein und den anderen hintergehen. Ihr könnt nicht Gott und dem Mammon gleichzeitig dienen. Deshalb sage ich euch: Sorgt euch nicht um Essen und Trinken zum Leben und um die Kleidung für den Körper. Das Leben ist doch wichtiger als die Nahrung und der Körper wichtiger als die Kleidung. Schaut euch die Vögel an! Sie säen nicht, sie ernten nicht und haben auch keine Vorratsräume, und euer himmlischer Vater ernährt sie doch. Und ihr? Ihr seid doch viel mehr wert als diese Vögel! Wer von euch kann sich denn durch Sorgen das Leben auch nur um einen Tag verlängern? Und warum macht ihr euch Sorgen um die Kleidung? Seht euch an wie die Lilien wachsen. Sie strengen sich dabei nicht an und nähen sich auch nichts. Doch ich sage euch: Selbst Salomo war in all seiner Pracht nicht so schön gekleidet wie eine von ihnen. Wenn Gott sogar die Feldblumen, die heute blühen und morgen ins Feuer geworfen werden, so schön kleidet, wie viel mehr wird er sich dann um euch kümmern, ihr Kleingläubigen! Macht euch also keine Sorgen! Fragt nicht: Was sollen wir essen? Was sollen wir trinken? Was sollen wir anziehen? Denn damit plagen sich die Menschen dieser Welt herum. Euer Vater weiß doch, dass ihr das alles braucht!

Euch soll es zuerst um Gottes Reich und um seine Gerechtigkeit gehen, dann wird er euch alles übrige dazugeben. Sorgt euch also nicht um das, was morgen ist! Denn der Tag morgen wird für sich selbst sorgen. Die Plagen von heute sind für heute genug!"

Über Kritik und Selbstkritik

"Richtet nicht, damit ihr nicht gerichtet werdet! Denn so wie ihr über andere urteilt, wird man auch euch beurteilen und das Maß, mit dem ihr bei anderen messt, wird auch euch zugemessen werden. Was kümmerst du dich um den Splitter im Auge deines Bruders, bemerkst aber den Balken in deinem eigenen Auge nicht? Wie kannst du zu deinem Bruder sagen: 'Halt still, ich will dir den Splitter aus dem Auge ziehen!' – und dabei ist der Balken doch in deinem Auge? Du Heuchler! Zieh zuerst den Balken aus deinem Auge! Dann wirst du klar sehen und den Splitter aus dem Auge deines Bruders ziehen können.

Das Evangelium ist kostbar – aber nicht jeder wird es zu schätzen wissen:

Gebt das Heilige nicht den Hunden und werft eure Perlen nicht vor die Schweine. Diese trampeln doch nur auf ihnen herum und jene drehen sich um und reißen euch in Stücke.

Wir dürfen Gott um alles bitten:

Bittet, und ihr werdet bekommen, was ihr braucht; sucht, und ihr werdet finden, klopft an, und es wird euch geöffnet! Denn wer bittet, empfängt; wer sucht, findet; und wer anklopft, dem wird geöffnet.

Würde jemand unter euch denn seinem Kind einen Stein geben, wenn es ihn um ein Stück Brot bittet? Würde er ihm denn eine Schlange geben, wenn es ihn um einen Fisch bittet? So schlecht wie ihr seid, wisst ihr doch, was gute Gaben für eure Kinder sind, und gebt sie ihnen auch. Wie viel mehr wird der Vater im Himmel denen Gutes geben, die ihn darum bitten.

Der Wille Gottes in einem Satz:

Alles, was ihr von anderen erwartet, das tut auch für sie! Das ist es, was Gesetz und Propheten fordern.

Es gibt nur zwei mögliche Lebensweisen

Geht durch das enge Tor! Denn das weite Tor und der breite Weg führen ins Verderben, und viele sind dorthin unterwegs. Wie eng ist das Tor und wie schmal der Weg, der ins Leben führt, und nur wenige sind es, die ihn finden!

Lasst euch von niemandem vom rechten Weg abbringen

Hütet euch vor den falschen Propheten! Sie sehen aus wie sanfte Schafe, in Wirklichkeit aber sind sie reißende Wölfe. An ihren Früchten werdet ihr sie erkennen. Von Dornen erntet man keine Weintrauben und von Disteln kann man keine Feigen lesen. So trägt jeder gute Baum gute Früchte und ein schlechter Baum schlechte. Ein guter Baum trägt keine schlechten Früchte und ein schlechter Baum keine guten. Jeder Baum, der keine guten Früchte bringt, wird abgehauen und ins Feuer geworfen. Deshalb sage ich: An ihren Früchten werden sie erkannt.

Es wird ein Gericht geben, in dem alle beurteilt werden

Nicht jeder, der dauernd 'Herr' zu mir sagt, wird in das Reich kommen, das vom Himmel regiert wird, sondern nur der, der den Willen meines Vaters im Himmel tut. An jenem Tag des Gerichts werden viele zu mir sagen: 'Herr, haben wir nicht in deinem Namen geweissagt? Herr, haben wir nicht in deinem Namen Dämonen ausgetrieben und in deinem Namen Wunder getan?' Doch dann werde ich ihnen unmissverständlich erklären: 'Ich habe euch nie gekannt! Macht euch fort, ihr Schufte!'

Darum gleicht jeder, der auf meine Worte hört und tut, was ich sage, einem klugen Mann, der sein Haus auf felsigen Grund baut. Wenn dann ein Wolkenbruch niedergeht und die Wassermassen heranfluten, wenn der

Sturm tobt und an dem Haus rüttelt, stürzt es nicht ein, denn es ist auf Felsen gegründet. Doch wer meine Worte hört und sich nicht danach richtet, gleicht einem unvernünftigen Mann, der sein Haus einfach auf den Sand setzt. Wenn dann ein Wolkenbruch niedergeht und die Wassermassen heranfluten, wenn der Sturm tobt und an dem Haus rüttelt, bricht es zusammen und wird völlig zerstört.

Als Jesus seine Rede beendet hatte, war die Menge überwältigt von seiner Lehre, denn er sprach mit Vollmacht – ganz anders als ihre Gesetzeslehrer."

Das schaffe ich doch nie!

Wer sein bisheriges Leben betrachtet und dieses neue Leben, wird wahrscheinlich feststellen, dass die Änderung unserer Gesinnung nicht nur ein paar kosmetische Korrekturen meint, sondern ein radikales Umdenken in möglicherweise allen Lebensbereichen.

Das ist, als ob man einer Kuh befiehlt zu fliegen. Genau das ist es. Und genau das ist der Grund, warum man nicht einfach Christ wird, indem man sagt: „Tolle Botschaft, das mache ich!" Der Herr Jesus hat nicht untertrieben, als er dem Gesetzeslehrer Nikodemus dies klarzumachen versuchte:

(Johannes-Evangelium 3,3-5) „"Amen, ich versichere dir", erwiderte Jesus, "wenn jemand nicht von neuem geboren wird, kann er das Reich Gottes nicht einmal sehen." "Wie kann ein Mensch denn geboren werden, wenn er schon alt ist?", wandte Nikodemus ein. "Er kann doch nicht in den Bauch seiner Mutter zurückkehren und ein zweites Mal

geboren werden!" "Amen, ich versichere dir", erwiderte Jesus, "und bestätige es noch einmal: Wenn jemand nicht aus Wasser und Geist geboren wird, kann er nicht in das Reich Gottes kommen. ""

Die neue Geburt verändert uns von innen her. Gottes Heiliger Geist kommt in unser Leben, wo Er eine wunderbare Arbeit beginnt. Wir können uns betrachten wie einen unbehauenen Stein, von dem der Bildhauer Stück um Stück wegschlagen muss, um aus uns eine Skulptur zu schaffen.

Es ist ein Prozess der Verwandlung, bei dem uns immer wieder das Bild vor Augen gestellt wird, in das wir verwandelt werden sollen:

(Römer-Brief 8,29) „Denn sie, die er im Voraus erwählt hat, die hat er auch im Voraus dazu bestimmt, in Wesen und Gestalt seinem Sohn gleich zu werden, denn er sollte der Erstgeborene unter vielen Brüdern sein."

Weil es ein Prozess ist, erwartet weder Gott von uns, noch dürfen wir von uns selbst erwarten, von einem Tag auf den anderen vollendet zu werden. Es wird darauf Rücksicht genommen, woher wir kommen, was wir fassen und ertragen können, weshalb nicht alle dieselben Lektionen lernen müssen. In jedem Fall ist aber unsere Lernbereitschaft eine wichtige Voraussetzung, um ans Ziel zu kommen.

Wir werden auch Fehler machen, Rückschläge erleben, in altes Fahrwasser geraten. Damit rechnet unser himmlischer Vater, und deshalb bietet Er immer wieder die Vergebung unserer Übertretungen an. Ehrlicherweise muss gesagt werden, dass es keinen Christen gibt, der diese Vergebung nicht immer wieder benötigt:

(1. Johannes-Brief 1,8-9) „Wenn wir behaupten, ohne Schuld zu sein, betrügen wir uns selbst und verschließen uns der Wahrheit. Doch wenn wir unsere Sünden bekennen, zeigt Gott sich treu und gerecht: Er vergibt uns die Sünden und reinigt uns von allem Unrecht."

Andererseits werden wir auch davor gewarnt, diese Liebe zu missbrauchen und selbstsüchtig auszunützen. Wer das tut, hat wahrscheinlich noch nicht ganz verstanden, welch großes Geschenk das Evangelium ist: Wir wurden aus einer Welt herausgerettet, die ein Strafgericht verdient und durften – obwohl wir dieses Gericht ebenso verdient hatten – aufgrund des Todes und der Auferstehung Jesu Christi in das Reich Gottes gelangen. Er ist das Lamm Gottes, das unsere Schuld getragen hat. Doch Er ist auch der Löwe aus Juda, unser König, dem wir Treue schwören in der Taufe.

Wir sollen deshalb unsererseits fleißig an unserer Verwandlung mitarbeiten, dem Heiligen Geist nicht widerstreben:

(Philipper-Brief 2,12-13) „Meine Lieben! Als ich bei euch war, habt ihr meine Anweisungen immer befolgt. Jetzt, in meiner Abwesenheit, müsst ihr noch mehr darauf achten, euch mit aller Ehrfurcht und Gewissenhaftigkeit um eure Rettung zu bemühen. Denn Gott bewirkt den Wunsch in euch, ihm zu gehorchen, und gibt euch auch die Kraft, zu tun, was ihm gefällt."

Wir müssen uns also nicht davor fürchten, dass wir den anspruchsvollen Weg des christlichen Lebens nicht bewältigen könnten. Gott hat Seinen Sohn nicht für uns sterben lassen, damit wir dann auf dem Weg scheitern. Er steht uns zur Seite, verändert unser Wollen, gibt uns Kraft zum Bewältigen der Herausforderungen und geht sehr geduldig und barmherzig mit uns um.

Die Rückbesinnung auf die Taufe hat einen tiefen Sinn: Wir dürfen uns nicht einreden lassen, dass nur, weil wir noch in unserem alten Körper leben, uns noch alte Gewohnheiten und Neigungen belasten, wir ganz hoffnungslos armselige Sünder seien, unfähig zu allem Guten. Nein, wir wurden verwandelt und wir werden verwandelt. Am Anfang unseres Weges steht ein Wunder, und dieses Wunder setzt sich fort, wenn wir den Heiligen Geist, der uns in der Taufe geschenkt wurde, in uns wirken lassen.

Fragen und Antworten:

Was ist jetzt eigentlich mit der Kindertaufe? Gilt die nicht trotzdem?

In den Gegenüberstellungen, besonders zu Beginn dieses Büchleins, habe ich gezeigt, dass die Kindertaufe nichts mit der biblischen Taufe gemeinsam hat. Wenn ich ein Tretauto habe, kann ich damit auf der Autobahn fahren? Ich nenne es zwar Auto, es hat vier Räder und es bewegt sich, wenn ich es trete – aber es ist kein Auto. Genauso verhält es sich mit der Kindertaufe.

Was ist mit der Taufe von ganzen Familien?

Manchmal wird darauf verwiesen, dass die Apostel doch auch ganze Familien getauft hätten. Es gibt tatsächlich eine Handvoll von Berichten, die davon reden. Allerdings macht das die obige Antwort nicht ungültig. Es wurden nämlich auch in diesen Familien nur jene getauft, die das Evangelium, gehört, verstanden und angenommen haben. So gibt es auch Beispiele von christlichen Familien in der Bibel, in denen ein Ehepartner nicht den Weg des Glaubens mitgehen wollte, oder in denen einzelne Sklaven keine Christen waren. Es ist nämlich ein wichtiger Grundsatz, dass Christus niemandem Sein Reich aufzwingt, sondern überzeugte Nachfolger sucht.

Seit wann gibt es die Kindertaufe?

Die frühesten Hinweise auf die Kindertaufe stammen vom Ende des zweiten Jahrhunderts nach Christus. Dabei war sie anfangs nicht unumstritten: Tertullian aus Karthago fragte, wie einem Menschen, der noch gar nicht gesündigt hatte, Sünden vergeben werden sollten. Die Kindertaufe begann sich nach und nach durchzusetzen und vor allem nachdem die Kirche im vierten Jahrhundert Staatsreligion wurde, wurde sie zur Pflicht. Dennoch gab es durch die Jahrhunderte immer wieder Stimmen, die sie in Frage stellten. Viele von diesen wurden durch Vertreibung, Folter und Todesstrafe zum Schweigen gebracht.

Was ist mit der Erbsünde?

Um die Kindertaufe theologisch zu begründen, sagte der Kirchenvater Cyprian aus Karthago, der selbst übrigens als Erwachsener getauft wurde, dass es in der Taufe gar nicht um die eigenen Sünden ginge, sondern um die Sünde Adams, des ersten Menschen. Damit stand er in direktem Widerspruch zu seinem Landsmann Tertullian, der rund 50 Jahre vor ihm lebte. Heute wird die Kindertaufe vor allem mit der Vorstellung begründet, die von Adam ererbte Sünde (die „Erbsünde") müsse vergeben werden. In der Bibel steht jedoch, dass jeder nur für seine eigenen Sünden von Gott zur Rechenschaft gezogen wird. Wer noch zu jung ist, um Gut und Böse voneinander zu unter-

scheiden, dem wird eine Sünde auch nicht angerechnet.16
Die Erbsündenlehre ist weder biblisch, noch zeichnet sie
ein zutreffendes Bild von einem gerechten Gott.

Was ist dann mit der Firmung?

Die Firmung kommt daher, dass man den Täuflingen
nach der Taufe die Hände aufgelegt hat und Gott besonders um den Heiligen Geist für den Getauften gebeten
hat. Das finden wir schon in der Apostelgeschichte. Als
man begonnen hat, Kinder zu taufen, ist man dazu über-
gegangen, die Handauflegung irgendwann zu einem
späteren Zeitpunkt nachzuholen, um den Taufvorgang
gewissermaßen „abzuschließen". Das ist der Ursprung der
Firmung. Die Biblische Taufe ist aber als Einheit von Was-
ser- und Geistestaufe zu verstehen und setzt die persönliche Bereitschaft, Jesus nachzufolgen, voraus.

Fallen Taufe und die neue Geburt immer zusammen?

Es gibt ein paar Beispiele in der Apostelgeschichte, in
denen der Heilige Geist vor oder nach der Taufe geschenkt
wurde. Das war auch für die Apostel selbst ungewöhnlich;

---

16   Die Lehre von der Erbsünde wird unter Theologen immer
wieder heiß diskutiert; 2007 gab die römische Kirche die Lehre auf,
dass ungetaufte Kinder automatisch zur Hölle verdammt seien. Weder
die frühe Kirche (bis Anfang 4. Jahrhundert) noch die Orthodoxen
Kirchen haben das je geglaubt.
Davon abgesehen, ist auch in der Bibel klar ausgedrückt, dass der Sohn
nicht die Sünden des Vaters büßen muss – Hesekiel 18,20. Andererseits
begeht jeder Mensch im Lauf seinen Lebens seinen persönlichen Sün-
denfall und sündigt genauso schwer wie Adam und Eva (Römerbrief
5,12). Daher ist die Erbsündendiskussion eigentlich nebensächlich, da
jeder, der Gut und Böse unterscheiden kann, vor Gott für seine Vergehen Rechenschaft geben muss. Wie gut ist es daher, dass Gott uns in
Christus Vergebung anbietet!

einmal holten sie umgehend die Wassertaufe nach;[17] das andere Mal legten sie den Getauften die Hände auf und beteten nochmals gesondert um den Heiligen Geist.[18] In jedem dieser Fälle waren die Wassertaufe und der Empfang des Heiligen Geistes dennoch zeitlich eng miteinander verbunden. Wassertaufe und Geistestaufe bilden eine Einheit.

Wie ist es, wenn jemand zwar gläubig ist, aber nie getauft wurde?

Das gibt es sehr oft, und darum ist das eine gute und sehr wichtige Frage. Die Ursache dafür liegt in der Verwirrung um die Taufe, die durch die Kindertaufe entstanden ist. Die meisten Menschen hatten nie die Gelegenheit, das Evangelium mit der richtigen Betonung der Taufe zu hören. Dennoch sagt Jesus:

(Markus-Evangelium 16,16) *„Wer glaubt und sich taufen lässt, wird gerettet werden. Wer aber ungläubig bleibt, wird von Gott verurteilt werden.“*

Er sagt hier, was zur Errettung nötig ist. Er sagt, was passiert, wenn man ungläubig bleibt. Er sagt aber nicht, was mit jenen ist, die zwar glauben, aber nicht getauft sind. Diese Frage wird im Neuen Testament nie gestellt und deshalb auch nirgends beantwortet. Darum sollten wir auch nicht vorschnell sagen, Gott wird schon beide Augen zudrücken. Wer ohne Reisepass zur Grenze kommt, wird vom Zollbeamten nicht durchgelassen werden. Gott ist zwar kein Zollbeamter, aber Er allein entscheidet, wem Er die Türen öffnet und wem Er sie verschließt.

---

[17]   Apostelgeschichte 10,44-48

[18]   Apostelgeschichte 8,14-17

Es ist auch nicht damit getan, dass man getauft worden ist und glaubt. Wenn unser Glaube nicht die entsprechenden Früchte bringt, dann waren wir vielleicht trotz allem brave Kirchgänger und Durchschnittsbürger, werden aber dennoch keinen Einlass finden.

Was ist mit dem Verbrecher, der sich neben Christus am Kreuz bekehrt hat?

Als Jesus gekreuzigt wurde, trugen zwei Verbrecher mit ihm die Strafe ihrer Verbrechen. Einer spottete, der andere war nachdenklich. Schließlich sagte er zu Jesus:

(Lukas-Evangelium 23,42-43) „ *"Jesus, denk an mich, wenn du deine Herrschaft antrittst!" Jesus erwiderte ihm: "Ich versichere dir: Heute noch wirst du mit mir im Paradies sein.""*

„Warum konnte er ohne Taufe errettet werden?" fragen manche. Und ich frage mich, warum diese Frage gestellt wird? Ist das nicht offensichtlich? Meistens wird diese Frage als Ausrede gestellt, und ich antworte darauf:

„Ja, es stimmt, dieser Verbrecher wurde nicht getauft und dennoch errettet. Willst Du an seiner Stelle sein, damit Du Dich auf ihn berufen kannst? Ich habe Nägel und einen Hammer ..." Und dann ist es klar, dass es vor Gott kein Problem ist, wenn die Umstände es unmöglich machen, getauft zu werden. Aber Ausreden beeindrucken Ihn nicht.

Darum kann ich nur sagen: Wenn Du gläubig bist, aber noch nicht getauft, dann lass Dich taufen. Ansonsten erfüllst Du nur die Hälfte der Bedingungen aus dieser Verheißung. Es gibt aber kein halbes Himmelreich, oder?

Wo kann ich mich taufen lassen?

Diese letzte Frage ist natürlich ganz wichtig, und die Antwort darauf möchte ich nicht leichtfertig geben.

Es ist eine Sache zwischen Gott und Mensch und nicht zwischen Kirche und Mensch. Die Taufe macht uns zu Christen und Kindern Gottes; wir werden im Namen des Vaters, des Sohnes und des Heiligen Geistes ins Wasser getaucht – nicht im Namen der Kirche!

Folglich ist es zweitrangig, wer Dich tauft. Es geht um den Glauben, um den Namen Jesu … ja, und man braucht Wasser dazu. Selbstverständlich sollte der, der Dich tauft, auch an den Herrn Jesus glauben und ein christliches Leben führen.

Andererseits ist ein wichtiger Aspekt der Taufe die Eingliederung in eine christliche Gemeinde. Du wirst also von einem Angehörigen bzw. Leiter irgendeiner Kirche getauft werden. Wenn Du bisher keiner angehörst, dann gibt es sicher einige Hemmschwellen zu überwinden – aber das gilt für jede große Veränderung im Leben.

Es wäre aus mehreren Gründen unaufrichtig, wenn ich hier plump schreibe: Gehe auf diese oder jene Internetseite, die wir Dir empfehlen.

Erstens könnte es sein, dass unsere Empfehlung sich als enttäuschend erweist, da wir ja meist auch nicht mehr über die Gemeinden wissen, als im Intereet steht.

Zweitens dürfen wir damit grundsätzlich rechnen dass es auch in Deiner Nähe aufrichtige Nachfolger Christi gibt. Sie müssen nicht unmittelbar mit uns verbunden sein, sondern mit Jesus Christus.

Drittens besteht das ewige Leben nicht in einer zu hundert Prozent richtigen Theologie oder Gemeindepraxis, sondern in der Liebe zu Gott und den Nächsten.

Viertens gibt es keine einzige Gemeinde, in der es nicht auch Fehler und Mängel gibt.

Ich rechne also ernsthaft damit, dass Du in Deinem Umfeld Christen finden wirst, mit denen Du gemeinsam verwirklichen kannst, was Jesus uns aufgetragen hat. Du solltest nur auf ein paar Dinge achten:

Die christliche Gemeinde, in der Du getauft wirst, sollte großen Wert darauf legen, dass der Taufe Abkehr von Sünde vorausgeht. Dazu werden meist sehr persönliche Gespräche geführt, die einerseits Offenheit und andererseits auch Vertrauen (und Vertrauenswürdigkeit) voraussetzen. Oft gibt es dabei auch hilfreiche Anregungen, um Sünde zu vermeiden und zu überwinden.

Die Taufe soll durch Untertauchen im Wasser vollzogen werden. Das kann in einem Fluss oder See geschehen; viele Gemeinden haben in ihrem Gemeindelokal aber auch große Taufbecken. Manchmal wird auch in einer größeren Badewanne oder einem Schwimmbad getauft.

Achte auch darauf, dass Du in der Gemeinde zu einem treuen Leben in der Nachfolge Christi ermutigt wirst; fallweise ist dazu eine gewisse Strenge notwendig, aber es soll vor allem auch ein Geist der Liebe herrschen. Jesus sagte, dass Seine Jünger an der Liebe erkannt werden.

Die Gemeinschaft sollte auch das Wort Gottes, die Bibel höher achten als ihre eigenen Traditionen. Du wirst keine Gemeinde finden, die in der Praxis keine Zusätze zur Schrift und keine Abstriche von ihr gemacht hat. Doch es gibt Gemeinden, die demütig und lernbereit geblieben sind und solche, die sich selbst für vollkommen halten.

Gehe nach dem Grundsatz, dass eine unvollkommene aber demütige Gemeinde besser ist als eine hochmütige; denn Gott widersteht den Hochmütigen, aber den Demütigen begegnet Er mit Wohlwollen (Jakobus-Brief 4,6).

Zuletzt: Achte nicht auf große Zahlen. Viele Gemeinden sind sehr klein, und ein guter Teil von ihnen versammelt sich in Wohnzimmern als Hausgemeinde. Das war zur Zeit des Neuen Testaments nicht anders und es hat gegenüber großen institutionellen Kirchen durchaus viele Vorzüge. Der Herr Jesus hat Seine persönliche Gegenwart bereits dort zugesagt, wo sich nur zwei oder drei Christen in Seinem Namen versammeln (Matthäus-Evangelium 18,20). Vielleicht ist es auch Gottes Weg für Dich, in Deinem Wohnzimmer eine kleine Hausgemeinde zu beginnen? Wenn Du dazu Fragen oder Anregungen brauchst, kannst Du auch gerne mit uns Kontakt aufnehmen (siehe Impressum).

Der natürlichste Weg in eine Gemeinde erfolgt über Bekannte und Freunde. Frag zuerst einmal einfach die Person, die Dir dieses Buch gegeben hat, ob Du einmal kommen und sehen kannst, wie es dort so zugeht.

Ein letzter Tipp: Es ist heute sehr „hipp" virtuelle Freundschaften zu knüpfen. So sehr das Internet eine Hilfe sein kann, christliche Gemeinschaft zu finden, lass Dich nicht dazu hinreißen, mit virtuellen Beziehungen zufrieden zu sein. Christliche Liebe muss man spüren können, sie umfasst den ganzen Menschen und lässt sich über E-Mail und Maus nur mit Worten vermitteln. Wir sollen aber mit Taten und wahrhaftig lieben (1. Johannes-Brief 3,18).

Tipps für die Googlesuche:

- Christliche Gemeinde, Ort

- Glaubenstaufe, Ort

- Bibel, Gemeinde, Ort

- Hausgemeinde, Ort

Vor allem aber: Bitte Gott im Gebet um Hilfe und Führung bei Deiner Suche.

Der Herr segne Dich dabei!

Alexander Basnar

WEGBEGLEITER

FÜR DEN NACHFOLGER
JESU CHRISTI

Herausgegeben von
Alexander Basnar & Harald Pschill

bewährt
seit
1708

Der Wegbegleiter

Ein Andachtsbuch für Nachfolger Jesus Christi, basierend
auf dem Gebetbuch der Amisch-People. Es bietet gerade
kleinen Hausgemeinden ein solides Fundament bewähr-
ten Glaubens, und jungen Christen eine Anleitung und
Hinführung zu einem regelmäßigen Gebetsleben.

ISBN: 978-3-8370-5835-2

Zurück zum Start

Dieses Buch ist ein Augenöffner und hilft zu verstehen, warum die Kirchen heute so sind, wie sie sind. David Bercot vergleicht die evangelische Christenheit von heute mit den Christen der ersten 200 Jahre und lädt ein, dort anzuknüpfen, wo wir offenbar den Faden verloren haben.

ISBN: 978-3-7347-4883-7